邯郸

～～ 邯郸传 ～～

邯郸——
一座等了你
三千年的城。

邯郸传

HANDAN ZHUAN

王瑞丽——著

河北大学出版社
·保定·

责任编辑：冯博楠
摄　　影：宋现彬
装帧设计：赵　谦
责任校对：牟　霖
责任印制：常　凯

图书在版编目（CIP）数据

邯郸传 / 王瑞丽著. -- 保定 ：河北大学出版社，2024.4
ISBN 978-7-5666-2336-2
Ⅰ. ①邯… Ⅱ. ①王… Ⅲ. ①文化史－邯郸 Ⅳ. ① K292.23
中国国家版本馆 CIP 数据核字（2024）第 082590 号

出版发行：河北大学出版社
地址：河北省保定市七一东路2666号　邮编：071000
电话：0312-5073003　0312-5073029
网址：www.hbdxcbs.com
邮箱：hbdxcbs@163.com
印　　刷：保定市正大印刷有限公司
幅面尺寸：170 mm × 240 mm
字　　数：210千字
印　　张：14.5
版　　次：2024年4月第1版
印　　次：2024年4月第1次印刷
书　　号：ISBN 978-7-5666-2336-2
定　　价：98.00元

引言

邯郸——一座等了你三千年的城。

这是我们三千年前的约定吗？我来了——热情地拥抱你，就像情人间的誓言，笃定而真诚。

人类发展的历史伴随着迁徙、进化。对于个人而言，何尝不是同样的历程。古往今来，凡是有建树者，哪个又不是肉躯上萍踪浪迹，精神上辗转反侧。“没有在长夜痛哭过的人，不足以谈人生。”为何而哭？不仅仅是哲学上的追问，更是现实的拷问。我是2019年从东北离职来到邯郸的。

似乎东北的春天来得太晚，一年中大部分的时间都是冬天，真的想早点看到春天的阳光。这个理由看上去有些任性与不负责任，却是很多东北人背井离乡的重要理由之一。当然不仅如此，搬迁的现实理由有很多，可又没有哪一条决定了非走不可。出走的目的地也有很多。为什么是邯郸？只因邯郸无条件地接纳了我！机缘巧合，命中注定，也许就是如此吧！人生可以不需要长夜痛哭般纠结，既然三千年前约定好了，就来吧！一切都是最好的安排！

来了我发现：城市是有生命的。每座城市都不一样。就像一个人，外貌不同、年龄不同、阅历不同、性格不同、思想也不同……所以人们那么爱好旅游，每到一座城市就像是认识一位新朋友一样。曾经有一个朋友精辟地形容什么是旅游："旅游就是由一个你待腻了的地方到一个别人待腻了的地方。"话糙理不糙，旅游真的是像认识一位新朋友，让人们满腹热情，精心打扮，心情愉悦！心生好奇，却也不能直接询问对方的过往，所以只能来日方长，慢慢交往。

我常想：搬迁到一座城市，像不像一次长时间的旅行？苏东坡说："人生如逆旅，我亦是行人。"这种心态，也许我们不用长夜痛哭，带着七分好奇，三分向往，这样不会失望，收获的只有诗和远方。幸运的话，这座城市也许会成为你的朋友？知己？恋人？老师？母亲？寻找答案的过程亦是体会生命的过程。

那么邯郸对我而言意味着什么？简而言之，一开始是陌生的，显然他不是我的生长之地。一见钟情也谈不上，因为我并没有马上喜欢上他。但是在慢慢磨合的过程中，我逐渐发现他很温和、很包容、性格不急不躁，像极了一位暖男；有底蕴、有文化，博学却不骄傲，具有大家风范；虽然也有创伤，也曾历经黑暗，但苦痛于他而言早已烟消云散……于是我将他贴上"有文化"的标签。邯郸还有什么是我不知道的？我用迷妹般的眼神仰视你，只希望能够对你有更多了解。

可是越走近你、了解你，才发现你越是神秘的、充满魅力的。那么请允许我带着敬仰、尊重、爱意，迫不及待地向世人诉说你的前世今生

（我所能了解的）。请原谅我的浅薄，我非史学家，也非文学家，我就像一个求知欲极强的少年，边学习，边做笔记，以不谙世事的经验、不求名利的心态，释放着内心的表达欲望。

一座城市的名字，是地域的符号，是地图上的坐标。提到一座城市的名字，往往首先想到的是方位，可仅此而已吗？脑海里是否还会产生许多生动的画面？人脑深刻的记忆往往是通过启动我们活泼的右脑实现的，右脑是感性的、直观的，同时也是深刻的，它可以保留和储存通过遗传祖先因子留给后代的全部信息。我们通过右脑深刻地记住了某座城市，那么，是否也可以将“与城市”或者“在城市”发生的故事存储在我们的右脑中，形成遗传因子进行代代相传呢？这种因子算不算文化基因的一部分？

一系列的想象与思考，只想说明城市的记忆对于人类来讲很重要，这不是从个体概念上区分农村人、城市人那么现实的话题，而是关乎寻根、溯源的哲学思考。城市的概念不是横向上坐标的区分，更不是庸俗的阶级论，而是纵向上基因的延续，带着爱的链接、情感的维系。一代又一代人在这里繁衍生息，其实我不愿意用“城市”来命名城市，那样会让我联想到统治者发动战争的目的、联想到现代钢筋水泥的千篇一律。我更愿意用“家园”来称呼城市，家园是有温度的、是包容的、是爱的港湾。这样说有点矫揉造作，但是我愿意用这样的维度去讲述我心目中的邯郸。

你最早听到邯郸的名字是什么时候？在哪里？我相信大多数人都是同我一样，是在历史课本或者历史故事中了解到的。没错，邯郸是一座历史古城，已经有三千多年的建城史。历史厚重不足为奇，关键是邯郸自建城以来从未更改过名字，这种专一在我国的古都城中变成了唯一。这就是为什么邯郸敢说：“这是一座等了你三千年的城！”

我国历史悠久，并且古代时朝代更替较为频繁，动乱时有发生。邯郸地处中原，是兵家必争之地，为何经过历史的沧桑变幻仍然称为“邯郸”？举例说明：同样作为古城的西安在历史上曾用过沣京、镐京、咸阳、长安、常安、大兴、西京等名字；南京曾用过秣陵、建业、石头城、建康等名字；洛阳更夸张，曾用过斟鄩、西亳、洛邑、洛师、成周、王城、神都、京洛、洛京、中京、伊洛、河洛、河南、洛州、三川等名字。这些还是不完全统计。也许每一次更名背后都有许多故事发生。而邯郸发生了许多故事，却从未更名。这是值得深入探究的问题。

邯郸的神奇还不止于此，这里孕育了很多文明，是中华文明的重要发祥地之一。这里有女娲造人、女娲补天神话的印记，这里孕育了新石器早期的磁山文化，这里是成语之都、太极之乡，这里有“胡服骑射”的改革精神，这里有建安风骨，这里有“黄粱美梦”后的感悟，这里有对“石窟”“瓷器”的审美，这里有无数的英雄人物……

即便如此，似乎感觉与我们现代人的生活关系不大，但是有一件事对我触动很深。有一次跟一个来到邯郸生活20多年的老乡大姐吃饭聊天，我问她觉得邯郸这座城市怎么样。她回答我的原话是这样说的：“挺好！给我感觉最深的有三点：一是这里没有坏人，不排外；二是这的人都有孝心，都顾家；三是生活有规划，注重对子女的教育。”听了大姐的一番话，我吃了一惊，这么高的评价？有些不可思议！但也正是因为这些话，让我开始接纳、开始融入。同时对这里的人们产生了好奇，对这座城市产生了好奇，是怎样的文化基因形成了这么好的社会风气？

后来发现身边有很多名校毕业的朋友，他们都没有选择留在繁华的大都市，而是回到了自己的家乡——邯郸，有的在基层政府工作，有的选择创业，有的当了教师……这座城市究竟有着怎样的魅力吸引着年轻人的归来？有资料显示：截止到2019年末，邯郸总人口1057.5万人，常住人口954.97万人，而且每年还在增加。大家知道，在中国众多的城市中，人口超千万的并不多，因此邯郸也被国务院批准为具有地方立法权的18个“较大的市”之一。真是人多力量大！

上面有点像为邯郸代言、宣传，但实际上我只想表达我的好奇，因为这些是超出我的想象的。我承认来到邯郸之前我并没有做好对这座城市的了解，当时只考虑工作待遇如何、房价多高、子女教育费用多少……可搬迁来了以后，发现其实同一个职业在哪个城市的生活质量都差不多，而真正影响人幸福指数和生活状态的却是一座城市的人文环境。因为我们会在这样的环境中汲取能量，塑造自我。这些是看不见的，却是真实存在的，相信每个人都会有这方面的感悟。

我将通过客观的存在，加上我主观的判断来为大家介绍我眼中的邯郸，“管中窥豹”不一定全面，“断章取义”不一定准确，只愿“抛砖引玉”向世人推介这座等你三千年的古城。

目录

宇宙洪荒的记忆
——女娲文化

女娲造人和女娲补天的传说在中国源远流长，我们在儿时就已经耳熟能详，所以每一个中国人心中都住着一位伟大的母亲，那就是女娲。女娲具备完美母亲的所有优点：聪慧、善良、美丽、勇敢、勤劳……这就是中国母亲最早的形象。

一、重温经典神话

女娲妈妈都为孩子们做了什么?

贡献一：妈妈给予了我们生命。相传女娲在天地间四处游走，她很喜欢这片秀丽的景色，但她总觉得似乎缺少些什么。一天，女娲走累了，坐在一条小河边休息，她与山川草木对话，对鸟兽虫鱼倾吐心事，都没有得到回应。于是，女娲觉得很失落，但是聪慧的她转念一想：为什么不创造一种像自己一样有思想、会说话的生灵呢？于是女娲随手抓起一把黄土，又在土里掺了些水，就照着自己的样子捏起来。她捏了一个有手有脚的泥娃娃，神奇的是对着泥娃娃吹了口气，娃娃居然眨眨眼睛活了。娃娃又蹦又跳，还会说话和直立行走，于是女娲妈妈给这个小生灵起名为“人”。但是世界太大了，靠一个一个捏出来的人太少了，于是女娲妈妈又想到了一个好办法：她折下一根藤条，将一头蘸上泥浆，向四周一甩，于是溅落在地上的泥点就变成了人。

贡献二：为儿女婚嫁操心。女娲妈妈创造了人，她以为创造出来人，他们就可以自己独立生长了。可是有一天，女娲走到一个地方，只见那里人烟稀少，十分荒凉。她俯身仔细察观看，看见地上躺着很多人，一动也不动。原来，这是女娲最初造出来的人，这时他们已经头发雪白，变得很衰老了。看到自己的孩子衰老甚至死去，女娲妈妈非常难过。于是她想到一个办法：把人分为男人和女人，让他们结为夫妻。不久，新的生命就诞生了，这就叫繁衍生息。

贡献三：拯救苍生。相传由于水神共工和火神祝融打架，造成天塌地陷，世界陷入巨大灾难。女娲不忍生灵受灾，于是炼五色石（红、黑、青、白、黄）补好天空，折神鳖之足撑四极，平洪水杀猛兽，通阴阳除逆气，万灵始得以安居。另外，相传大陆泽（今冀州一带）有一个部落首领名叫康回，为了统领中原，不断把水放进来，导致洪水淹没了田地、村庄，也淹死了好多人。于是女娲妈妈带领人们把芦苇烧成灰，然后用芦灰和土拌成泥，筑成了挡水堤。这种芦灰泥不怕水泡，干后又很硬，所以土堤筑成不久，康回放的大水就流了回去。

贡献四：制乐为人间带来欢乐。女娲妈妈看到人们辛苦劳作，缺少欢乐，于是四处寻找，最终用竹子制作笙簧两种乐器，从此世间不仅充满欢声笑语，还有美妙绝伦的音乐声。男人女人之间还可以通过笙和簧演奏音乐表达爱意。

由于时间太过久远，关于女娲的传说有许多，但以上内容基本上属于流传最广、价值观也相对比较符合现代文明的版本。女娲传说是华夏民族人文之始，在中国古代神话传说中占有不可或缺的地位，有重要的文化研究价值。在《山海经》《淮南子》《帝王世纪》《唐乐志》《中华古今注》《风俗通》《书钞》等书里都有关于女娲传说的记载。

二、女娲是否只是一个传说？

女娲是我们精神上的母亲，因为我们不曾见过她的肉身。我们对历史的认知主要依靠考古学和历史书籍的记载，实证论也更相信考古所看到的一切，但问题是：考古能够挖掘的历史却是可遇而不可求的。那么，历史书籍中记载的女娲补天原型来自哪里？人们口口相传的女娲造人说又来自何方？

时间的一维性决定我们无法从纵向上找到答案，但是在横向坐标上却可以寻找踪迹。那么，我们关注的焦点就必须聚焦中国历史古城——邯郸。

相传女娲“炼石补天、抟土造人”的地方就在邯郸（现行政区划为邯郸市涉县），这不是我们今人认为的，而是在距今1450年北齐天保年间的先人们认定的。于是北齐统治者在邯郸涉县的中皇山上修建了著名的“娲皇宫”。此宫建造在悬崖峭壁上，阁楼高悬，构造奇巧，是我国建筑规模最大、建造时间最早的奉祀女娲的古建筑群，至今仍是河北省建筑奇观之一，被誉为“华夏祖庙”。相传，农历三月十五日为女娲的诞生之日，邯郸每年都会在这里举办娲皇庙会及祭祀活动，来自全国各地的中华儿女云集此地祭祀女娲。清嘉庆《涉县志》载：“季春之月，相率祈禳于此（娲皇宫）。各得其所愿欲。自是，西而秦晋，东而青兖，南而豫梁，北而燕冀，不远数千里扶老挈幼，享献唯谨，金鼓欢呼之声震动山谷，迄今千有余年。”

邯郸涉县娲皇宫全貌

祭祀的规格非常高，在现代工业文明程度这么高的今天，这样规模的祭祀活动并不常见。在十多米高的女娲像前，九鼎、八簋、九俎等中国传统最高规格的祭祀礼器被整齐地摆放着，祭品不但包括猪、牛、羊三牲太牢，而且还有核桃、柿子、苹果、葡萄等代表天下太平、风调雨顺、五谷丰登的干鲜果品。

不仅祭品很有讲究，民俗活动形式也丰富多彩。《邯郸地区民俗辑录》就记载了许多老习俗：举办庙会、朝顶祭拜、求婚求育、许愿还愿、戴锁开锁、坐夜陪神、舞蹈唱经、撞钟求吉、祈福问寿等。书中举例说求子习俗就流传许多种：拴娃娃、吃黄土和看睡宫、野合、带锁儿、向石磨求子、撒谷籽、借种等方式。有些方式在今天看来简直不可

农历三月十五日涉县娲皇宫祭祀活动现场

以理解，但在从前却是百姓认可的一种生活方式。就是这样自发进行的民间习俗影响了一代又一代的人，女娲信仰抚慰了人们的心灵，丰富了百姓的文化娱乐生活，表达了人们对美好生活的渴望，同时创造了人与人之间交流、沟通的空间，甚至实现了人类繁衍生息……作为当代人，我们不能从批评的角度去对待这些问题，哲学家讲：“存在就有其合理性！”在生产力不发达的岁月，普通老百姓也只能寄希望于女娲妈妈。

当然，在如今农历的三月十五，我们依然缅怀我们的先祖女娲，依然在这一天举办大型的祭祀活动。但是，不同往昔的是，人们更多的是从文化交流的角度、经济发展的角度、环境保护的角度、民俗传承的角度出发，希望能够从这样的文化形式中更多地认识女娲文化的价值。女娲文化是我们根祖文化的重要组成部分，在整个古文化系列中占有重要地位。女娲祭典形成了固定的祭祀仪仗、程序等形式和内容，构成了奇特的民俗文化事项。其中的迓鼓、寺庙音乐、赛戏、扇鼓舞等，对挖掘、研究古代鼓乐、吹奏乐、仪式戏剧、祭祀舞蹈的历史和价值有重要的意义。

女娲文化在邯郸地区流传久远。其实，女娲文化在我国许多地方都很受重视，历史上也修建过许多女娲庙，所以关于女娲的出生地、补天地、安葬地等归属地问题存在很大的争议。各地也极力拿出许多证据来证明这些问题，可是无法判定哪一方更有说服力。所以，对待这样的问题需要理性的认知：首先应该明白，历史的许多事情是无法证实的，却只残存一个道理。女娲文化是我们中华民族共同的精神财富，这不仅仅是物质层面的归属问题，更是文化问题、社会问题、信仰问题，甚至是哲学问题。女娲文化并不属于某一个地方，只能判断哪个地方对这样的文化传承得更久、更好。其次，我们应该了解，女娲无论是否真实存在过，她都是我们头脑中抽象出来的精神母亲，留给后人的精神慰藉足可以让我们在蒙昧中觉得踏实，因她而产生的许多信仰、宗教、启迪、行为足可以改变许多人的生活。最后更应该明白，女娲文化作为一种文化现象，有其产生的社会根源，应该透过现象看本质，看到神话传说背后的真谛。

三、神话传说的理解

女娲的传说源于五万年前的上古记忆，可以说是来自宇宙洪荒时期的探索。人类从有记忆开始就在回忆我们是怎么来的，这是人类之初的困惑，也是一直困扰人类的永恒追问。关于人类的起源，可以说是学术上最令人费解的问题。不论是历史学家、社会学家、宗教人士……都曾对此做过各种角度的研究。然而，迄今为止仍然没有最令人信服的说法。

关于人类起源目前比较流行的说法大致可以分为两种：

1. 神造论

关于人类起源，世界许多地方都流传着神造论的观点。比如西方基督教认为人是由上帝创造的。第一个人是亚当，上帝用他的肋骨创造了他的妻子夏娃。之后的人都是他们的子孙。

古老的埃及神话故事中，赫努姆在陶轮上创造了人类，随后女神赫凯特赋予了泥人生命以及灵魂，泥人就变成了鲜活的生命体。

无独有偶，古希腊神话也认为：天神把能生出高级智慧生物的种子埋藏在地里，普罗米修斯用地里的泥土捏作天神的样子，把动物的善恶植入其中，这样算是有了一半灵魂。后来雅典娜看到很惊异，于是对其吹了神的气息，人的灵魂就完整了。

我们中国神话中的女娲造人，也是认为人是由女娲妈妈用泥土捏成的，并用劳动、音乐、爱情……赋予人以灵魂。

神造论看似荒谬，但在很长时间内是关于人类起源的权威说法，至今仍有许多人深信不疑。

2. 进化论

进化论是目前关于人类起源比较权威和被人们广泛接受的理论，是英国生物学家达尔文提出的。1859年，达尔文出版《物种起源》一书，阐明了生物从低级到高级、从简单到复杂的发展规律。1871年，他又出版《人类的起源与性的选择》一书，列举了许多证据说明人类是由已经灭绝的古猿演化而来的。他将人类起源过程分为三个阶段：古猿阶段、亦猿亦人阶段、能够制造工具的人的阶段。进化论由于推理逻辑严密，被主流科学界认可。进化论的观点被写进教科书里面，因此更深入人心。可是，随着科学的不断发展，达尔文的进化论的明显缺陷显露出来。按照达尔文的观点，生物进化是存在一个完整的链条的，人类从古猿到现代智人的考古化石遗骸也应该遵循这样的规律。然而，迄今为止考古学家们也没有找到一块从古猿到智人的中间层古人类考古化石证据。由于缺少考古学实证的支撑，因此进化论也引起了越来越多人的质疑。

人类起源问题不仅仅是一个科学问题，更是一个“我从哪里来？”的哲学问题。哲学的思考一方面来自对世界的无知，也来自世界的不可知。即便我们是现代智人，能够被我们感知、认知的世界也是微乎其微的。正因如此，我们更应该以一种更包容的态度去看待人类起源问题，这样可以帮助我们更好地理解生活，理解神话传说。

可以说神话传说产生的根源就是古人对世界的无知和无法认知，人们不能科学地解释世界、自然现象和原始社会文化生活的起源和变化，于是人们只能用想象和幻想把客观世界拟人化，从而得到生活的答案。

即便神话传说产生于蒙昧时代，但是我们却不能蒙昧地理解神话传说。

首先，神话传说有其产生的物质根源。就以女娲妈妈的神话传说为例，女娲造人和制定婚嫁制度就是我们先人关于人类起源和人类繁衍问题的哲学思考。不要小看这种思考，这是来自五万年前的思考，并且今人还在思考。

其次，女娲补天的传说更是明显反映了我们先人在现实生活中同自然做斗争的坚强意志。先人们坚信自我力量或者是领袖力量可以征服自然，无论情形多么糟糕，都抱有克服困难的必胜信心。这种人的积极性、能动性在自然条件恶劣、生产力极度低下的史前时代尤为重要。

再次，女娲制造笙簧的传说体现了人们对自我生存价值的思考，包括对文化的追求、对娱乐的向往。这种向往就是人类最初生存的意义，就是人类对未来的美好愿景。生活不仅仅有与天斗、与地斗的生存压力，还有对于音乐和爱情的美好体验。

女娲的形象是一位慈祥的母亲，这些拯救苍生、繁衍生息的重大事情为什么没有父亲的参与？这也反映了早期人类社会的社会形态，母系社会是女娲传说产生的社会根源，母系社会中妇女在劳动生产和生活中起着重要的作用，并且具有至高无上的地位。

当然，神话传说的价值与意义不仅如此，能够代代流传还有其更丰富的内涵。其审美价值也不可忽视。

每一个神话传说中都有很多美好的画面细节。在女娲造人的传说中，就有一些情节画面感特别强，让人不免产生联想。女娲妈妈造人伊始是用手捏的，后来发现天地太大，这样的办法效率太低，于是她折下一根藤条，将一头蘸上泥浆，向四周一甩，于是溅落在地上的泥点就变成了人。当我们听到、看到这一段话时，我们脑海里会出现怎样的画面？女娲妈妈满头汗水细致造人的情景，让我们脑海里立刻产生了做事认真、专注、敬业的慈母形象，想象着她坐在小河边，飘逸的长发随风浮动，看起来是那么温柔……这种审美意象让我们由衷地产生敬爱之情。

而后来用藤条蘸泥浆造人的场景，却是一幅动态的画面。我们可以想象女娲妈妈用近似舞蹈般优雅的动作，一次次向四周甩舞着藤条，所甩方向立刻出现一片生机，像变魔术般神奇。我常想这是不是工业文明批量生产思想的雏形？古人是如何在几万年前就产生这样高效率生产思想的呢？此时的女娲妈妈就是一个聪慧、动感的女性形象，也许这是关于女性之美最早的定型。

在女娲补天故事中，女娲得知天塌下来的消息后，产生了一系列的动作：选石、炼石、折神鳌之足、撑四极、平洪水、杀猛兽、通阴阳、除逆气……这时的女娲妈妈在我们脑海里又是怎样的形象？感觉是不是忙忙碌碌、紧紧张张、一刻不得放松的职业女性形象？虽然此时我们看不到女娲妈妈慈爱的表情，但是这种为家操劳、以一己之力撑起整个家的母亲形象是不是使母爱得到了升华？这时的母亲不仅仅是智慧的而且是富有力量的，重要的是给予了我们民族安全感。这样的美学意象上的温暖不仅仅是视觉上的，更是精神上的、心灵上的。

此时我们似乎可以明白：神话传说为什么源远流长？神话传说为什么看似荒诞，却让我们信以为真？

当我们听到、读到女娲妈妈的神话传说时，别忘记有一个地方为女娲文化做出了巨大的贡献，那就是古城邯郸。

中国农耕文化之源
——磁山文化

磁山不是山名，是地名。磁山镇隶属于邯郸市下属的县级市武安市，地处华北地区太行山东麓的山前地带，西依太行山余脉红山，东依鼓山，四周山峦起伏。

1972年，磁山镇兴修水利，在挖掘土地时发现了文化遗址。经过层层申报与备案批准，考古工作者于1976年至1978年在这里进行了三次发掘，发掘面积达7500余平方米，文化层厚1至2米，不少窖穴深达6至7米。文化遗址内发现有房基、灰坑及成批的粮食窖穴等，出土陶器、石器、骨蚌器等文物5000余件，还发现大量走兽、飞禽、鱼蚌、家畜、家禽和黍、粟、榛子、小叶朴、碳化核桃等动植物标本。磁山文明也因最早发现于武安市磁山遗址而得名。

磁山遗址所在地，既不是山地，又不是河流平原或三角洲地带，而是太行山脉与华北平原的交接地区。可就是这样一块看似不是特别富饶的土地，创造了中原地区最早的农耕文明，丰富了中国新石器早期文化考古的内涵，把仰韶文化的考古年代上溯了一千余年，在国内外的考古界引起了巨大轰动。

中国磁山文化遗址博物馆

我国文化遗址较多，大多集中在长江流域和黄河流域，因此我们称长江和黄河为我们的母亲河。例如，河姆渡文化就属于长江流域孕育的人类文明，而磁山文化则属于黄河流域孕育的人类文明。《汉书》中记载：“邯郸南据大河。”这里所说的大河就是指古黄河。史册记载的黄河决口泛滥约有1593次，较大改道26次，因此今天我们看到的黄河流域与历史上的黄河流域位置不尽相同。

水系是人类文明产生的摇篮，但绝不是唯一的地理因素。气候条件也是必不可少的重要因素。邯郸坐标在东经114° 03'～40'，北纬36° 20'～44'之间，属暖温带大陆性季风气候，四季分明。春季风多干旱，夏季炎热多雨，秋季温和凉爽，冬季寒冷干燥，年平均气温13.5℃，最冷月份（1月）平均气温-2.3℃，极端最低气温-19℃，最热月份（7月）平均气温26.9℃，极端最高气温42.5℃，全年无霜期200

天，年日照2557小时。从这样的气候条件看，不仅适合人类的居住，同时也很适合农作物生长。所以，在此产生磁山文明是自然选择的结果。

我国的中部地区由于气候条件较好，所以是我国先民居住较集中的地方，也是农耕文明发展较早的地方。被国际气象界誉为“中国第五大发明”的二十四节气就是上古时期根据我国中部地区的气候特点而形成的，而磁山文化正是印证这一切的有力证据。

磁山文化都印证了什么?

我们说民以食为天，拥有充足的给养是一个生物物种得以生存和发展的必要条件。食物对于处于生产力极低的上古时代的先民尤为重要。磁山先民已经结束了“逐水草而居”的游牧生活，形成了相当稳固的定居聚落，并由自然采食发展为农业生产、家畜饲养兼采集、渔猎经济占一定比例的生活方式，已越过砍倒烧光“焚而不耕”的“火耕农业”阶段，而进入“翻土耕种”的耜耕阶段，这是人类社会生活的一项巨大变革。

一、磁山是世界最早种植粟的地方

粟，就是我们俗称的小米，古时也称“黄粱”。磁山小米的发现，改变了过去小米起源于埃及、印度等国的一贯认识，有力地说明了我国在距今8000年左右的时候就已经在黄河流域种植这种作物了。这一世界性的重大发现，彻底改变了世界农业史中有关农业起源的最早记载。截止到现在，磁山仍是世界上公认的种植小米最早的地方。

磁山先民们将野生植物狗尾草培育成栽培作物粟，不要小看了这样一种种植行为，它不是原始的、无目的性的，而是有意识的、主动的粮食生产行为。这样一种生产食物的劳动行为并不是一蹴而就的，而是人类经过几万年的探索才实现的。它象征的不仅仅是新石器时代和旧石器时代的分界线，同时也是人类发展的里程碑。小米，至今仍然是人类获取碳水化合物的重要来源。邯郸地区种植小米历史悠久，甚至影响了邯郸人的饮食习惯。至今，邯郸地区的人们仍然喜欢食用小米，特别是早餐、晚餐，小米粥是百姓餐桌上的常见主食。小米粥含有丰富的维生素，性温和，熬制简单，滋养脾胃。我常想：邯郸人民温和的性格是不是小米粥滋养的结果呢？

磁山先民种植业的生产规模远远超出我们的想象，考古工作者一共发现了189个储存粮食的“窖穴”。这些“窖穴”堪称目前已知的世界最早的仓囷。这些“粮仓”形似袋状，窖口直径大都为1至2米，深浅不一，最浅的只有0.85米，而最深的则达到了5米。如果按照比重、体积推测，这189个“粮仓”中储存的粮食，至少应在5万千克以上。而在当时简陋的生产条件下，剩余这么多的粮食几乎是不可想象的。专家们对这一规模宏大的“粮仓”提出了种种猜测：可能是当时的农业生产已达到了一个较高的水平，除了满足当时部落人口的食用，还有一些剩余。而磁山遗址发现了家禽和家畜的骨骼，更加有力地证明了当时粮食产生了盈余，并促进了养殖业的发展。

二、磁山是我国最早养殖家鸡的地方

在磁山文化遗址中发现了家鸡骨，这也是我国考古界，乃至全球考古界关于家鸡养殖的最早发现。在此之前，国际学术界一直认为中国的家鸡起源于4000多年前的印度。这种说法最早源自达尔文的《动物和植物在家养下的变异》一书，由于达尔文在生物进化界所具有的权威，所以后人一直相信这种说法。但是，人们不知道的是，达尔文所参考的文献资料是我国明朝的《三才图会》，书中说“鸡，西方之物也”。其实，这句话是说鸡在十二神（生肖）中属酉，酉之方位为西，故称之。也许是达尔文对中国古文或者对中国文化不太了解，所以产生了这种错误的推断。当然，也许正是因为达尔文关于家鸡起源问题产生了这样一段有趣的公案，才使得磁山文化遗址家鸡骨的发现具有了重要的意义。

关于鸡的历史，其实我国很多古籍中都有记载，比如殷商时期的甲骨文中就有关于“鸡”字的书写，周朝的《诗经》中也多处提到“鸡”，《庄子》中也记载“越鸡不能伏鹄卵，鲁鸡固能矣”，战国时期还设有“鸡人官”专司祭祀。这些都说明至少在3000年前养鸡在我国已经相当普遍。

动物的驯化是人类文明进步的标志，人类不用通过打猎就可以获取

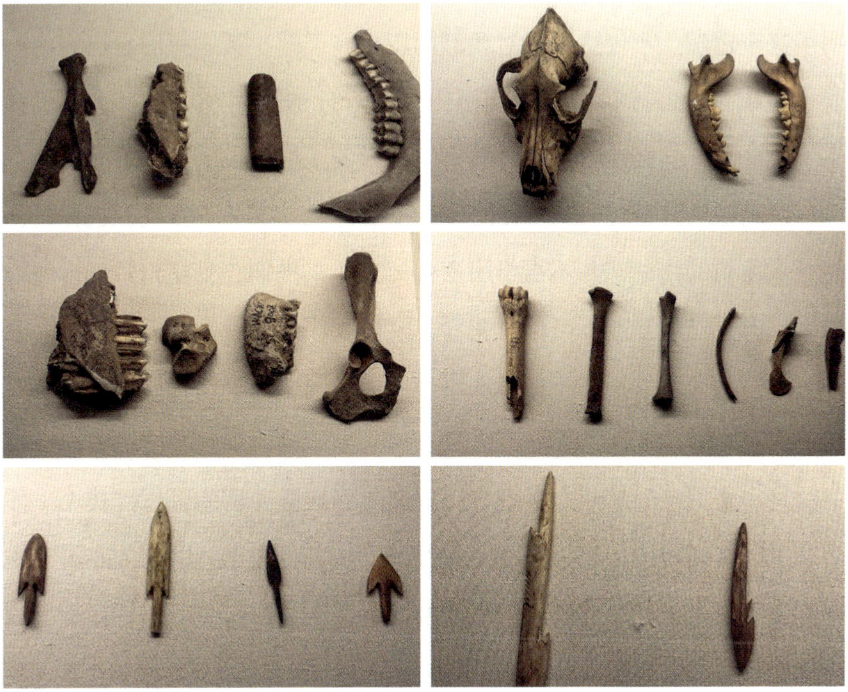

磁山文化遗址出土动物骨头标本组合

肉类和蛋类，这些食物是人类摄取蛋白质的重要来源，它不仅仅是食物获取方式的改变，也是人类生活方式的改变，同时也是促进人类进化的重要因素。

三、磁山是我国最早种植核桃的地方

长期以来，人们一直误认为我国核桃为西汉时张骞从西亚、东欧等国外地区引入，这种说法均源于西晋时张华所著《博物志》中“张骞使西域还，乃得核桃种”的记载。相传核桃被带回时，先栽植到京都长安御花园，由于气候不适，后移植至秦巴山区，随后逐渐扩展到北方的广大地区。据此，后来的本草、农史书、历史书籍以及现代有关林业果树等方面的志书或教材，亦多以此照抄入书，广为流传。

古人认为：“尽信书，不如无书。”磁山文化遗址的发现有力地说明了这个道理。不仅达尔文对我们的历史有误解，就连我们自己有的时候也会出现一叶障目的局限。磁山文化遗址的挖掘发现了很多核桃标本，这些物证推翻了张华在《博物志》中关于核桃来源于西域的说法。

说到这里，想聊一聊辩证思维的重要性。其实关于核桃源自张骞出使西域所得的结论，并不需要用证伪的方式来推翻，只要稍微用辩证的思维来分析便可知道不可信。张骞为陕西城固县人，被封为博望侯。西汉时作为汉武帝的特使，曾三次出使西域诸国，从事文化、政治、外交活动，其功勋和业绩是十分巨大的。但是由于道路遥远，交通不便，仅靠骑马行走，且无其他保存设备，张骞带回核桃种苗的可能性极小。即使从国外带回种子，途中经过时间较长，核桃种子也会因高油脂易变质不能发芽成苗，若带回的为苗木或枝条也会干枯死亡。另外，张骞自国外带回核桃之说缺乏史料依据，难以令人信服。

四、磁山文化孕育了邯郸最早的陶器文化和酒文化

1976年磁山文化遗址中出土的盂、支架、罐、三足钵、壶等一批珍贵文物，年代距今约7900年，是当时我国考古发掘中发现的最早的原始陶器。陶胎有加砂的，也有细泥的，器种有炊煮用盂和支脚，饮水用的小口壶，深腹罐，饮食用的三足钵、碗、盘、杯等。尤其是饮具中的陶支脚，形状酷似鸟头，有的并饰以各种剔刺纹图案，可以说就是一种融雕塑、刻画图案和实用性于一体的艺术珍品。并且这些具有一定欣赏价值的小陶器，显示出磁山先民生活比较富有，物质资料有所剩余，伴随着产生了对艺术美的追求。这体现了一定的哲学思想：物质决定意识。这种有小米、核桃、鸡肉吃的日子，对于古人来讲物质生活已经相当富足，因此才会产生更多的物质和精神要求，陶器作为生活必需品与精神审美的完美结合就应运而生。而生产这些陶瓷的场所也许就是古人手工作坊的雏形，因此可以想象、推测当时的先民生活已经具有一定的社会化。

纵观历史，陶器文化在邯郸地区出现较早，这样的文化经过一代又一代人的传承、创新、发展，为后来邯郸地区陶瓷产业的发展埋下了深深的伏笔，以至出现举世闻名的磁州窑。虽然我们对于邯郸陶瓷文化的具体传承没有连续的历史依据，但是邯郸陶瓷文化被大众给予“出现早”“工艺好”等美誉，我相信绝对不是历史的偶然。

陶瓷的品种有很多，其中不得不说的一个重要分类，那就是——酒器。磁山文化遗址还有一项重大发现，出土了17件小口长颈双系陶壶，这是世界上目前发现最早的陶制酒壶。

关于中国酿酒起源的问题一直是个谜，是中国科学技术史上至今还在讨论的一个问题。比如：第一口酒是谁酿出来的？有人说是夏禹时期

的酒仙杜康，有人说是仪狄，还有人甚至神化说酒是上天的“酒星”造的。众说纷纭，那么酒到底是什么时期出现的呢？关于这个问题其实大可以转换一下思路。虽然考古很难发现先人留下的酒，但却可以发现他们留下的酒器。所以酒器的出现与否，就构成判断酒存在与否的关键证据。

无论酒是谁造的，是杜康还是仪狄，或者是更让我信服的劳动人民……总之，我国是出现酒较早的国家，中国的酒文化可谓是源远流长。邯郸地区地处我国中原地带，作为中华酒文明发源地之一，酒文化也是相当丰富。与酒有关的历史故事更是不胜枚举：“鲁酒薄而邯郸围”“刘秀丛台置酒”“曹操颁布禁酒令”“李白醉骑邯郸道”……

磁山文明已逾万年，但当我们手捧一碗小米粥，敲开一颗核桃，举起杯中的美酒……也许就联想到这些都与古城邯郸有关。

磁山遗址出土的酒器

邯郸的由来

邯郸是一座古城，那么邯郸城到底有多古老？一句邯郸的城市宣传语就给出了答案："一座等了你三千年的城。"这样一句宣传语至少体现了三层含义：1. 邯郸的建城历史具有三千年左右；2. 邯郸三千年从未改过名字；3. 要不要赴这三千年之约？

听上去是不是很有诱惑力？的确是这样的，在中国，乃至世界三千年能够行不更名坐不改姓的城市，估计也不多见。三千年对于历史长河来说可能是沧海一粟，可对于一座城，却是一段漫长的岁月。它经历了三十个世纪，无数王朝的更迭，几百代人的繁衍生息……沧海桑田，时过境迁，这其中又发生过多少悲欢离合的故事？时间太久了，有些事情根本无法如数家珍般清晰，记忆的传承需要去考证、论证。比如，邯郸城名字如何由来？邯郸城如何三千年不曾改名？

一个人名字的由来一般都能够说得清楚，要么是采用美好的寓意，要么是引用文章的出处，要么是根据时令、天气、节日等时间考虑，要么就是根据生活中的事物随意而定……总之，说得清是因为时间短。一个人的寿命百年左右，对于名字这样重要的事情大多是说得清的。对于一个城市而言，如果建城史不长，名字的由来也可以说得清楚。比如，中国人都知道的一座英雄城市——大庆。老一辈人都知道新中国成立后的一句话：“工业学大庆，农业学大寨。”那么，就说一说大庆城市名字的由来：1959年9月26日，位于松辽平原的第三口基准井——松基三井喷出具有工业价值的油流，标志着发现了大油田。同年11月8日，在油井所在地黑龙江省肇州县大同镇召开庆祝大会。时任黑龙江省委第一书记的欧阳钦和省长李范五等领导赶来庆祝。途中，他们在车上议论，松基三井喷油，正值新中国成立10周年大庆前夕，是向国庆献上的一份厚礼，喜上加喜，应该大庆。于是在庆祝大会上，省委第一书记欧阳钦提议，把油井所在地的大同镇改为大庆镇。随后，黑龙江省作出了将大同镇改为大庆镇的决定，此后石油部把这个新油田定名为大庆油田。以上就是对大庆这座城市名字由来的简单介绍，虽然介绍文字不多，但是可以清晰地看到大庆名字由来的客观因素，加之时任省委第一书记的主观情感，这种主客观的统一产生了城市大庆的名字。不仅起名字的人如此清晰，更清晰的是：起名的时间、地点都能够被准确无误地记录下来。为什么能够这么清晰？正是因为大庆的建城史还没有超过一个世纪，以人作为时间的尺度即可以丈量。邯郸名字的由来情形则不同，三千年无法以人作为时间的丈量尺度，也无法完全依赖书籍进行考证，甚至当年的山都已不复存在，当年的物证都埋在了九米深的地下，时间久到必须依赖考古，再加上人类逻辑思维进行推断与论证，得出的结论也不可能是绝对的权威。听起来是否有点困惑，那么且让我们试着探究一下。

首先需要考证一下邯郸是否具有三千年的历史？华夏文明也只不过上下五千年。这个问题稍微简单一些，可以换一个问题来问：关于“邯郸”的记录，最早出现在何时？这只需要借助文化传承的重要工具——

书籍就能查找明白。

记录一：清顺治三年刊印的《邯郸县志》载邑人张濩的序，认为始自《史记·赵世家》“邯郸”一名最早出现是在晋定公十五年（公元前497年）。

记录二：康熙本的《邯郸县志》载张慎发的序中，认为始自《左传》，邯郸一名最早出现是在鲁定公十年（公元前500年）。

记录三：中国著名的历史地理学家、北京大学教授侯仁之先生提出，“邯郸”之名最早见于史料记载的是《春秋·谷梁传》：鲁襄公二十七年，卫献公因故杀了大夫宁喜，宁喜的同伙、卫献公的弟弟专因此逃到晋国的邯郸，长期居住下来。文中说他“织絇邯郸，终身不言卫”。这里提到的“织絇邯郸”，是在公元前546年，距今已有二千五百多年了。

记录四：战国中期魏国的史官所著的编年体史书《竹书纪年》记载：“自盘庚徙殷至纣之灭二百七十三年，更不徙都。纣时稍大其邑，南距朝歌，北据邯郸及沙丘，皆为离宫别馆。”《竹书纪年》中记述的这一条资料看，邯郸在殷纣王时就建有“离宫别馆”，这证明邯郸一名早在商代末期就已存在，距今足有三千多年了。这可能是目前所知“邯郸”之名出现最早的史料。

综上所列，最终从《竹书纪年》中得知，邯郸具有三千多年的历史。关于这一点是在2000年邯郸建城年代学术论证会上，史学家们又进一步补充了殷商时期甲骨文对邯郸记载的资料。经过诸位先秦史学家的论证，初步认定邯郸建城史达到3100年甚至更早到商武丁时期，距今3200年。邯郸市政府非常重视邯郸历史文化的探究与宣传，于是邀请中国历史文化名城研究中心，组织中国社会科学院历史研究所、考古研究所、北京大学、中国人民大学、西北大学、河北师范大学、河北省社会科学院、河北省文物考古研究所等专家学者，专门就邯郸城市兴起的年代问题进行论证。因此，可以说这次论证会应该说非常权威。

其实新中国成立后，国务院在1994年1月4日就已经公布邯郸市为国家历史文化名城。邯郸三千年的建城史得到了权威的论证，而关于“邯郸”城名字的由来，至今史学界仍存在争议，成为一个更为神秘的历史谜题。

在历史上很长一段时间，确切地说从三国以后比较权威的说法是：邯郸，“邯”取自山名，即古代的邯山；“郸”是由单字加“阝”组成。“单”指山脉的尽头，又因做城郭名加“邑”（阝）为郸。整体意思为：邯山的尽头，故为邯郸。这种说法流行的原因是因为两本比较权威的书，一本是三国时张晏著的《汉书注》，另一本是后来隋唐时期颜师古著的《汉书注》，由于张晏的《汉书注》中地理注解是非常详细的，因此在后来颜师古重注《汉书》时多引其言。关于“邯郸意为邯山的尽头“这种说法就是源于颜师古所引张晏所言：“邯郸山在东城下。单，尽也。城郭从邑，故加邑云。”为什么这种说法在当时比较权威呢？在我国的封建社会，有知识、有学问的人本就不多，何况像张晏和颜师古这样的大家著书所言，就更为可信了。张晏为三国时期魏国人，魏国当时非常重视文化建设，也非常注重人才。魏政权统治者曹操及其两个儿子自身就有很高的文学修养，加之以特殊的身份，吸引了一代文人，开创了一代文风。正是在这样的大氛围下，历史上才会有“建安风骨”“魏晋风度”等佳话。另外，邯郸当时也属于魏国的地盘，魏国的陪都邺城，正是现在的邯郸市临漳县。所以作为魏国人的张晏对邯郸名字的来历描述，还是比较可信的。而颜师古，也许很多人不是特别了解，但是要提到大教育家颜之推，大家肯定不陌生，他所著的《颜氏家训》至今对教育产生着深远影响。而颜之推正是颜师古的祖父，颜师古出生在隋朝时期，少传家业、遵循祖训、博览群书、博学通达。他对《汉书》的研究可谓是专家，另著有多本著作，且政治能力很强。就是这样一位出身大儒世家的全才，他所述内容当然很有参考价值。所以，关于邯郸名字的来历在很长一段时间内是没有争议的。

先不论这种说法的正确性，首先了解一个常识。我国汉字里有很多都有耳刀旁，分为左耳刀和右耳刀，其实耳刀旁是由甲骨文里的字象形而来，左耳刀是由“阜”象形而来，阜本意大多与山、土地、地形有关，所以现在带左耳刀的很多汉字都与此相关，例如“陵”“陡”“险”“陆”等；而右耳刀是由“邑”象形而来，邑本意大多与地名、区域相关，所以现在带右耳刀的很多汉字都与此相关，例如“都”“郡”“郭”“邦”“郊”等。在历史上乃至今天很多地名的字也是带有耳刀旁的。例如：战国时就有邯郸、都、郑城、成都等。南京在三国时期也曾叫“建邺”，当时孙权迁都到秣陵，为了有一番作为，能够实现自己的雄心伟业，故将秣陵改名为建业，也是城郭从邑，加邑为“邺”。

了解了这一常识，对于另一个流行的版本会有更好的理解。这一版本更具有实证精神，也更符合事物发展规律：认为邯郸名字的由来并非一蹴而就，是经过了一个演变的过程。1965年山西考古出土了春秋末期侯马盟书和传世文物，发现了邯郸的最早写法为“甘丹”（读音仍为hándān），于是提出了对张晏关于邯郸地名解释的质疑。开始有人认为，邯郸最早写为“甘丹”有很美好的寓意。甘，太阳升起于地平线，丹，太阳落于地平线；甘丹即太阳升起和落下的地方。而且甘丹两个字在甲骨文写法中具有镜像关系，具有书法结构上的美感。我们在后续出土的一些文物上也发现，春秋战国时期，“邯郸”一名具有多种写法，即“甘丹”“邯丹阝”“邯单”。到战国后期，“邯郸”二字的写法出现了变化，不再使用“邯丹阝”二字，而是“邯单”，有历史学家分析，很有可能战国后期为避赵王丹讳或者通假字的影响而变化。到了秦代，邯郸的写法已经完全定型。从这样一个漫长的过程中，我们不仅可以看到邯郸写法的变化，也可以感受中华文化在城市名称演变过程中的重要作用。比如，书法的结构美、“郭从邑，加邑（阝）”、通假字、避讳……

另外民间关于邯郸名字的由来也众说纷纭，班固所著《在昔篇》中有过对“邯郸淳”其人的记述：“邯郸，名淳，字子叔。邯郸其复姓也。”邯郸地名可能由姓氏而取名；还有人说邯郸最早是少数民族生活的地方，“邯郸”一词乃由草原民族称呼酋豪为“汗”的缓读或音转而来；还有人说邯郸没有春秋天，脱了棉衣就是“单”，所以谐音“寒单”；还有人说邯为水，郸为山，邯郸为山水之城；更有趣的还有一些现代年轻人说邯郸，有内“邯”，不简“郸”……

无论是正史，还是野史，有些时候文化的探究并不是为了寻求权威、绝对、唯一的答案，也许争议过程本身就体现了人们对美好生活的热爱与向往。

历史上有很多事情是无法得到真相的，即便从考古文物或文献中窥探一二，却也掺杂了后人再加工的成分。即便这样，人们也愿意花费很大的力气去研究，只为寻根的初心。

那么不妨再研究一下邯郸的名字，为什么三千多年不曾更改过？中国历史悠久，王朝更迭频繁，城市改名是很平常的事情。邯郸作为自夏、商以后逐渐兴起的北方重要城市之一，为什么能够三千年行不更名坐不改姓？

主流观点认为邯郸自战国成为赵国都城后，没有能够再次成为首都，其政治地位动摇，导致统治者对其失去了重视，因此其名幸免于改换。这种观点我个人认为并不尽然，邯郸虽然自赵国后失去了首都地位，但是在秦汉时期也是非常重要的一座城市，其商业、手工业非常发达；曹魏、后赵、冉魏、前燕、东魏、北齐六个朝代先后在邺城建都，而邺城就是今天邯郸的临漳县，两个城市之间距离非常近；北宋的陪都——北京大名府，就在今邯郸的大名县的东南部，距离邯郸的距离也非常近；况且，明清时期，邯郸城得到了一定程度的复苏，之后在抗日战争、解放战争中，由于邯郸地处四省交界处，依靠太行山，发挥了重要的地理优势，孕育了红色基因，成为我国重要的红色文化摇篮……这些都说明邯郸并不是自赵国后在中国历史上没有存在感的城市，而是很多时候都扮演着重要角色。再者，在中国历史上就连县级地频繁改名的现象也不少见，可见更名与政治地位关系不太密切。

中国的地名是世界上改名最频繁的国度之一，究其原因，大多数情况跟我国古代汉字的避讳制度有关。有的城市甚至因为避讳，还不止一次更名。

据《隋书·地理志》记录，为避隋炀帝杨广之“广”字，就改掉几十座城市都会之名，其中广饶县改东海，广安县改延安，广都县改双流，广化县改河池，广州改成番州，广陵改成江都等。

到了唐朝，唐德宗李适避忌就更宽了，他不单避忌“适”，连长得像“适”的“括”字也不放过。

> 《闻见后录》云：“处州，旧为括州，唐德宗立，当避其名，适处士星见分野，故改成处州，音楮。今俗误为‘地方’之‘处’矣。”

当时，不单避皇上的讳，名人的讳，还避恶人的讳，也就是常说的“憎讳”。

避讳制度充分体现了封建社会统治者的极度专政，只要是皇帝不高兴，想怎么改就怎么改。

历史上最喜欢改地名的统治者要数王莽，西汉末期王莽篡权，执政十五年。相传，和西汉末年对比，王莽将郡从106个增加到116个，连改带增，一共改了91个郡名，只有25个保留了原名；县从1587个变成1585个，其中730个县改了名字，将近一半。好多地名就是因为他看着不顺眼，就顺口给改了。比如，无锡这名字很有来历，往上可以追溯到春秋。王莽一看这地名，觉得不好，“无”字不吉利。改，必须得有！于是无锡就悍然改名为“有锡”。王莽的反义词填空玩得越来越熟练。谷远县改成了谷近，于离县改成了于合，东昏县改成了东明，东平国的“无盐”亭改成了有盐郡，亢父这个“亢”字让王莽觉得不孝顺，改成了顺父……王莽曾派人去攻打高句丽，回头一想，“高”字你也配！他立刻给人家改名叫“下句丽”。老对手匈奴单于，也被他改成“降奴单于”。王莽的作为真可谓“随心所欲”！可见，在封建社会统治者所言皆为法律，并美其名曰“王法”，亦叫“圣旨”“金口玉言”……根本不需要走任何法律和民主程序。权力的随意性、权力的极大化，吸引着一批又一批野心家，不惜一切代价想要当帝王、当皇帝，所以中国历史改朝换代的频繁必然成为一种“必然”。

言归正传，在中国历史的沧桑岁月中，邯郸作为三千年没有改过名字的城市，确属奇迹。那么这种偶然性的背后是否存在一定的必然？我个人观点认为：首先，“邯郸”两个字本身由“甘单”加“邑”演变而来，所以很难与人名犯“忌讳”；其次，这两个字中任意一个字在汉语中并没有任何感情色彩，不存在褒贬之意，所以不会“伤害”到统治者个人情绪；再次，从“邯郸”的发音上体会，会发现读音顺畅，干脆利落，符合城市名字的发音，比如“长安”“成都”“广州”“北京”“长沙”“南昌”……许多城市的最后一个字的发音都是平声调，容易让人发音准确，不易发生音变，并出字有力；最后，从字体结构上可以看出“邯郸”两个字具有结构美，仿佛站在一起的两个人，看起来就是很匹配，高矮、胖瘦都很匀称，字的笔画也相差不多，仿佛就是天生的一对。就这样的“神仙组合”，为其改名，估计统治者还未必有更好的智慧！

鼎盛的邯郸蓄势待发

邯郸这片充满生机的土地，这是自然选择的必然结果，也是历史进程赋予的机遇。但“罗马不是一天建成的”，邯郸城也不是一蹴而就的，这里面经历了许多沧桑变幻。虽然邯郸在商代就已经具有重要的地位，商王朝曾在此建设离宫别馆，并且文献记载在商代“酒十牢于甘”“祖丁，其于甘饗”，商王祖丁频繁“往返于甘”，这里的“甘”指的就是邯郸。所以，历史学家推断很可能在商朝时期邯郸建有供奉、祭祀祖先的类似“太庙”的一类建筑，同时也说明商代的邯郸城已经具备可以提供这些高级建筑所需的人力、物力的水平。即便如此，早期邯郸城并不具备中心城市的地位，居民的数量也十分有限。

到了周代，情形更不容乐观。从邯郸地区多年的考古资料分析，在整个西周300多年的时间里，西周的文化遗存仅有20余处，基本上都处于现在邯郸城的西部地区，与其他历史朝代相比数量少得可怜。并且还缺少关于西周时期的文献记载。可以说邯郸在西周时期的历史出现了断层，这是怎么回事？这一时期到底发生了什么？

我们经过考古研究发现，周朝初期邯郸经历了一次大移民，当地居民西迁到了洛阳。是什么原因让百姓集体背井离乡，离开自己苦心经营的家园？不是自然的原因，那肯定与政治有关。原因就是著名的历史事件——“三监叛乱”！话说武王灭商后，听取周公旦的意见采取“以殷治殷”的政策，为了统治殷商中心区域，分封纣王之子武庚于殷（今河南安阳小屯村），利用他统治殷民。同时武王派遣其兄弟管叔、蔡叔、霍叔在殷都附近建立邶、墉、卫三国以监视武庚，史称“三监”。所谓三监地域，一般认为，商都以北地区为邶，商都以南地区为墉，商都以东地区为卫。武王灭商后不久即病逝，周公旦摄政，引起管叔、蔡叔及其群弟的疑忌，武庚见机拉拢他们发动叛乱。周王朝面临严峻的形势，于是周公东征，诛武庚，杀管叔而放蔡叔，废霍叔为庶民，平定了三监之乱。平叛后，周公旦以周武王之弟康叔封卫，将原来居住在三监之地及附近的居民西迁到了今洛阳地区。当然，邯郸居民也在其中。

就是这样一个政治事件，改变了一个城市的命运，更改变了当时无数老百姓的命运。这是邯郸历史上记载的第一次大规模的人口迁移，通过这次大迁移，可以看出在奴隶社会里，百姓就像奴隶一样，不，就是奴隶，没有任何选择权，连选择家园的权利都没有。国家就是最大的奴隶主，百姓并不具有独立的属性，只不过是奴隶主的财富而已。

西周时期的邯郸历史就这样悄无声息地翻篇了，接着时间就来到了春秋、战国。随着西周的土崩瓦解，周朝的制度，包括周朝的礼法制度也随之毁坏，文化上称为“礼崩乐坏”，而政治制度上更要经历一场血雨腥风的变革，中国社会将要从奴隶社会向封建社会转变，“不破不立”“分久必合，合久必分”都得到了充分验证。邯郸也在等待着自己的历史机遇。

先说春秋早期，可以用一个字形容邯郸城，那就是“乱”。邯郸先属于卫国，后又被当时北方的少数民族戎狄占领，后来晋国讨伐狄人成功又归了晋国。总之，在春秋早期，邯郸每日就是打来打去，成了权力争夺的牺牲品。战争是残酷的，最遭殃的当属老百姓。如果说在奴隶社会人不是独立意义上的人，那么为了追求封建社会的自由也并不是那么容易，这过程既漫长又痛苦。春秋作为变革的转型期，是一种启蒙的开始，也是大势所趋的开端，从此中国社会进入了无休止的征战。邯郸作为最早的城市之一，也将成为兵家必争之地，这片土地也将上演一个接一个与政治、战争、权力有关的历史大戏。

春秋早期邯郸归晋国所有，可现在形容河北省，为什么称为“燕赵大地”呢？这是指河北在战国时期是燕国和赵国的地盘，山东被称为“齐鲁大地”也是这个意思。那么，邯郸如何从春秋时期晋国的封地改为“赵国”？赵国这个“赵”字又是如何而来的？

说来话长，故事还要从“赵氏孤儿”说起，赵氏孤儿的故事最早记录在《左传》里，司马迁的《史记》里也有记载，后又被改成元曲，所以广泛流传于民间，2010年还被陈凯歌导演改编为同名电影。故事发生在春秋时期晋国晋景公统治时，由于宫廷内部斗争，屠岸贾设计陷害了赵氏一门，门客兼医生的程婴以牺牲自己儿子的性命作为代价，救下了赵氏一族唯一的血脉，并将赵氏孤儿抚养长大，最终成功复仇。这里的赵氏孤儿赵武就是后来邯郸赵氏的先祖。有的时候历史就是这么神奇，一切都充满着偶然性，如果有一个情节发生变化，可能历史就要改写。如果没有当时程婴的出手相救，也许就没有了后来的赵氏一族和战国七雄之一的赵国。

赵氏一族另一位影响力较强的人物赵简子，乃“赵氏孤儿”（赵武）之孙。他是一位非常具有管理才能、改革精神和雄心抱负的一个人。赵简子（？—前476年）是中国春秋时期晋国赵氏的领袖，原名赵鞅。赵鞅的父亲英年早逝，所以赵鞅很小的时候就担负起赵氏存亡与复兴的重任。他入仕较早，年轻时凭借祖上功绩位列六卿，但年轻涉世未深，加之当时复杂的社会环境，所以经常遭人算计陷害。他正是在这种历史的沉浮中得到了充分的历练。民间关于赵简子的野史故事并不多，所以在我们头脑中对于赵简子无法形成清晰的历史定位。其实赵简子生活的时代，正是春秋末期，他与孔子是同一时代的人。其时，孔子与赵简子之间还进行过一次思想冲突。相传公元前513年，在赵鞅的参与下，收缴民间铁器480斤熔化，熔铸成鼎，将当年范宣子时代所制定的法度立于这座大鼎上。这是晋国历史上第一次将国家法律明文昭于天下，具有非常深刻的影响，相当于以法律的形式宣布至少是在晋国“刑不上大夫，礼不下庶人”的时代已成为历史，成为过去。这件事尚未完成，就在当时引起社会各界的轰动，造成世人喋喋不休议论的同时，也遭到了春秋士大夫的强烈声讨，这是对周礼的一次巨大挑战、颠覆甚至是践踏。大家都知道孔子是主张以礼治国的贤人，这种挑战礼法的行为必然会受到孔子的抨击与反对。但后人对此评价不一，有人说赵鞅是被人陷害、替人背锅挨骂，也有人说这正体现了赵鞅的改革精神，具有历史的进步性。

对于历史的评论，很大程度上都是站在不同立场上的猜测，没有穿越到那个时代，我们就无法了解事情的真相。但是不容置疑的是，赵简子绝对是奋发进取的实践派。

赵简子努力推行新兴封建制度：在经济上，推行当时对老百姓最为有利的田亩征税制；在政治上，推行郡县制，对战场上有战功者的奖励不是采用分封采邑的老旧办法，而是实行郡县任命。他的改革使赵氏家族的经济势力得到增强，政治威望得到提高，逐步扭转了过去处于劣势的不利状况。

那么赵简子与邯郸又是如何建立联系的？其实晋国赵氏分为两系，

一系为嫡传正宗，另一系则为庶传支族。前者传到赵简子时封地在晋阳（今太原），后者赵氏的封邑则在邯郸。在赵简子时代，邯郸归庶传支族赵午所有。其实晋阳赵氏和邯郸赵氏属于同族同宗，只是就宗法关系而言社会地位不同。起初，晋阳赵氏和邯郸赵氏各居一地，分途发展，并行不悖。但是，作为野心家的赵简子早就有了东进发展的战略意图，图谋向北发展兼并代地，向东发展以邯郸为支点从而图谋中原。

同根相残，总需要找到恰当的理由，这场冲突的直接导火索其实很简单，就是“分赃不均”。公元前500年，赵简子和赵午合作讨伐卫成功后，获得卫国的500户进贡，可以理解为获得500户奴隶。那个时代人口就相当于财富。赵简子由于是嫡出正宗，所以具有绝对的发言权，他就吩咐赵午，先将这500户安置在邯郸，等到晋阳新城修建完毕后，再将他们迁回晋阳，也就是说把财富奉还。赵午爽快地答应了，可是回到家他的父亲、哥哥不同意了，原话说：“不可。卫是以为邯郸，而置诸晋阳，绝卫之道也。不如侵齐师而谋之。”就这样，赵午听从了父兄的建议，先侵齐夺得了人口以后再送还了这500户。结果超出了赵简子的预期，送回来晚了！赵简子不高兴了。其实按理说晚送回来几天也没什么，可强势的赵简子却勃然大怒。这么大反应估计也是故意的，毕竟为了东进野心他正找理由还找不到呢，正好撞枪口上了。于是赵简子将赵午召到晋阳直接给宰了。邯郸赵氏怎肯善罢甘休，直接造反了。公元前497年，赵氏两族围绕邯郸展开了一场激烈的争夺。从而诱发了晋国内部新贵族之间以及晋国同东方邻国齐、卫之间的一系列错综复杂的冲突，结果演变成了一场旷日持久的战争，直到公元前491年以赵简子最终占据邯郸才基本结束。赵简子在这场战争中达到了自己的目的，取得邯郸对于他实施东进战略是重大的胜利，对赵氏的崛起具有重要的意义。后人甚至将赵简子夺取邯郸视为赵氏立国的开始，评价说：“赵简子才是赵国的实际开创者。”

历史评论的褒贬往往带有“成王败寇”的色彩，由于激烈的生存竞争，使得我们的看法往往都是结果导向型。但是，当我们从另一个角度看，不难看出赵简子是一个极度强势、为达目的不择手段的野心家，可以用六亲不认来形容。相比之下，同处于春秋时期卫国的两位公子姬伋和姬寿兄弟，虽然同父异母，当得知哥哥姬伋将被人陷害，弟弟姬寿舍生取义保护哥哥，明知送死也不逃避，反而争相替代，其宅心之仁厚、其骨肉之情深让人钦佩，散发着人性的光辉。当然历史中为了自己的政治目的或者一己私欲，同族相残、亲情相害的情形并不少见。赵简子绝对不是历史第一人，也不会是最后一个。

相比王宫贵族，如果没有战争，老百姓的日子虽然辛苦一些，却也不必每日精于算计。统治者是战争的发动者，而老百姓却是财富的创造者。春秋时期的邯郸，由于在赵氏的苦心经营下，无论是城市规模，还是经济各方面的发展均取得了一定的进步。据《史记》记载，春秋时期的邯郸以仓库殷实而著称，仓库内存放的当然都是社会财富，从侧面可以说明当时的邯郸农业和手工业都应该有很大进步，社会生产力有所提高。此时的社会制度也在发生潜移默化的变革，春秋时期长期上演着争霸战争，许多小的诸侯国被大国吞并了。有的国家内部发生了变革，大权渐渐落在几个大夫手里。这些大夫原来也是奴隶主贵族，后来他们采用了封建的剥削方式，转变为地主阶级。有的为了扩大自己的势力，还用减轻赋税的办法来笼络人心。这些方式方法的改变正是生产方式变化的开始。

历史是劳动人民创造的，却也离不开英雄人物的参与和推动。赵简子成功占领了邯郸，并在这个过程中清算了范式和中行氏，使得晋国由六卿（赵氏、韩氏、魏氏、智氏、范氏、中行氏）变为了四卿（赵氏、韩氏、魏氏、智氏）。起初这四卿中智氏最强，所以经常欺负其他三家，到了赵简子之子赵襄子时，赵氏联合韩、魏灭掉了智氏，于是晋国又由四卿变为了三卿。三卿的财富、权力极大，晋国公室名存实亡，到了赵简子重孙子辈赵籍时，即公元前375年，韩、赵、魏三家瓜分晋侯剩余土地，晋国彻底灭亡，这就是历史上所说的“三家分晋”。“三家分晋”在历史上具有重要的意义，司马光将其列为《资治通鉴》的开篇之作，更有史学家将其视为春秋与战国的分水岭。

在“三家分晋”的过程中，可以看出赵氏是当仁不让的主角。至此，赵不仅仅是一个姓氏、一个族群，已经成为一个实力雄厚的诸侯国，几百年前谁能想到一个差点死于襁褓之中的婴儿，能够将赵氏血脉传承并发展成为战国七雄之一，这简直就是奇迹。赵地处于中原与夷狄交界，铸就了赵人铁血彪悍的气质。这种气质在赵简子和赵襄子父子乃至后代子孙身上体现得淋漓尽致。正是他们的努力，奠定了赵国的基业，战国后期，赵国正是凭着这股铁血彪悍，敢于向秦国发起最有力的挑战。

历史高光时刻
——都城

“三家分晋”前后，我国历史进入了战国时代，各诸侯继续争霸，群雄并起，政治格局不断改变。时势造英雄，英雄也在寻找自己的历史定位，反正谁也没闲着。记得小时候历史书上说，齐、楚、燕、韩、赵、魏、秦是战国七雄，当时就是觉得有点多，不太好记。其实，成为战国七雄中的一个比背历史书更难。战国七雄都是后话，战国刚开始时，各地武装势力更多，后来通过不断的兼并，也可以说是优胜劣汰，才剩下了这七家。而且还在不断的优胜劣汰，用现在的词就是“内卷”，大家都怕被“卷死”，所以都在奋发图强。

当然，本书只说赵家，前文我们说到赵简子、赵襄子父子二人为赵氏家族积累了大量的财富，可谓家大业大，所以在当时也算是比较大的贵族势力。作为后几代的侯位继承人除了守业，还要守住继承权。因此除了需要对外扩张，还要对内自保。赵氏一族传到赵敬侯赵章这一代时，赵氏统治集团内部可能围绕继承权的问题发生了一次较大的政治变乱，在《史记·赵世家》里也有记载，被称为“赵朝作乱”。于是在公元前386年赵氏统治集团被迫迁都邯郸。迁都邯郸是赵国和邯郸历史上的一个重大事件，是赵氏稳定政权、实现“东进北击”军事战略的发展需要，也是邯郸自身地缘优势和经济发展的必然结果。邯郸地处中原，水系发达，位于太行山东麓的华北平原，是传统的重要农业产区。并且，经过春秋时期和战国初期的发展，手工业和商业也很发达，具备了作为政治中心的经济物质基础。赵国迁都邯郸是战国时期的一件大事，更是邯郸建城史上的一件大事。赵国在邯郸能否大展宏图？邯郸能否迎来历史的高光时刻？且看赵氏家族另一个狠角色赵武灵王如何将祖宗基业一步步引向辉煌。

赵氏家族历来具有改革进取的传统，但自“三家分晋”之后，虽然励精图治，可结果在政治上并无多大作为。因此，到赵武灵王时期，整个赵国面临的形势比较严峻。当时政治形势好比逆水行舟，不进则退。赵武灵王意识到问题的严重性与紧迫性，与众说：“中山在我腹心，北有燕，东有胡，西有林胡、楼烦、秦韩之边，而无强兵之救。”这番话体现了赵国当时地理位置并不占优势，因为赵国中间还有一个国中国——中山国，成语“心腹之患”就是从此而来，北面有燕国，东边、西边均有少数民族国家，况且西部还有强秦和韩国。周边各国虎视眈眈看着赵国这块肥肉，恨不得随时可以狮子大开口将其吞下。故步自封、按部就班肯定不能拯救赵国的命运，唯有改革创新、自我突破才能迎来新的生机。于是，赵武灵王开始酝酿一场别人学都不敢学的改革，那就是历史上非常著名的一次军事改革——胡服骑射。胡服骑射包括两部分内容：胡服和骑射。胡服就是改革服装，放弃华夏传统宽袍大袖服饰，改穿便于作战的胡人服饰，其实就好比现在由裙装换成了运动服。短衣襟小打扮，肯定更便于活动，作战能力显著增强。骑射就是学习胡人骑马射箭，重新编排军队，增加骑兵，采用相应配合的新军事战术。以现代人的视角，这就是非常好理解的一项改革，可能有人说这有什么难的？的确，看似一增一减的问题，增加骑兵、减少衣物，可放在两千多年前，这可是别人想都不敢想的决定，别人想抄都不敢抄的作业。甚至因此在赵国统治阶级内部都引起了轩然大波，遭到了包括赵武灵王叔父在内的保守派的激烈反对，可谓“群臣皆不欲”，认为此种做法离经叛道。本来是一场军事改革，却被上升到“近华夏远夷狄”的理论高度。作为保守派正方的观点是，反对“袭远方之服，变古之教，易古之道，逆人之心，畔学者，离中国”；而作为改革派反方的观点是，应该“随时制法，因事制礼。法度制令各顺其宜，衣服器械各便其用。故礼一道，而便国不必法古”。双方展开了激烈的争辩，各执一词，不同立场均有道理。可当一个国家面临生死存亡的时候，似乎也别无选择，唯有改革才会带来新的希望，随即“始出胡服令”“遂胡服，招骑射”。

赵武灵王不仅是一位具有魄力的改革家，还是一位具有实干精神的实践派。他以肥义、楼缓为将，帮助其推行胡服骑射，甚至经常亲自练兵，检阅军队。相传，赵武灵王经常在插箭岭练兵、在当时的丛台上检阅军队。正是由于赵武灵王胡服骑射改革的决心，使得改革效率极高。史书记载只用一年的时间（公元前307—前306年），就已经对周边国家产生了威慑作用，“北略中山地，至宁葭，西略胡地，至榆中。林胡王献马”。后来又展开了对中山国的七次进攻，终于在公元前296年“灭中山，迁其王于肤施”。至此，赵国去掉了心腹大患，使赵国的领土连为一体。同年，“攘地北至燕、代，西至云中、九原”“北破林胡、楼烦，自代并阴山至高阙为塞”。赵国军队可谓所到之处势如破竹。赵国不仅改变了被动挨打的局面，还实现了疆土扩大、富国强兵的目的，进而很快跻身“战国七雄”之列。

可以说赵武灵王胡服骑射的改革是非常成功的，是对古代军事战术的一次重大革新，他使古代战争由车战进入了骑战时代，这在我国古代军事史上具有划时代的意义。更重要的是，赵国在改革中取得了丰硕的成果。当然，邯郸城作为赵国的都城，更是得到了空前的发展。城市建设规模很大，大约在1887.6万平方米，分为宫城“赵王城”和居民城“大北城”两个部分。考古发现当时的建筑已经非常先进，宫殿、贵族的住所已经开始采用楼房建筑，并具有非常科学的排水系统。由于赵王城是我国目前同时期保护最好的古城址，这对研究那个时期的建筑、宫城布局具有重要的意义。

说到建筑就不能不说“武灵丛台”。丛台是由赵武灵王时期修筑的，因此称为“武灵丛台”。所谓丛台，唐颜师古《汉书》注释：“连聚非一，故名丛台。”不言而喻，是指众多的台子连成一起。相传，建筑长度有十余里，各台首尾相接，远远望去，犹如一条巨龙，昂首翘尾，蜿蜒前伸，好不气派。再想象一下，身穿胡服的赵武灵王率众将在丛台上检阅军队，昂首阔步，气宇轩昂，威风凛凛，怎一个帅字了得！有诗赞云：“传说宫苑似蓬莱，丛台高耸云霄外。天桥接汉入长虹，雪洞迷离如银海。”正因为如此，丛台也成为古城邯郸的代名词，引得后世文人骚客多会于此，留下了许多千古美文，或赞美，或感叹，或悲凉……一千个人心中有一千座丛台，但是在邯郸人心中，武灵丛台绝对是心灵家园。虽然，现在坐落在丛台公园内的丛台，是明清时期用青砖包墙增建的亭榭建筑，并非2300年前那座丛台的原貌。但是这并不影响邯郸人对丛台的喜爱，因为它早已经成为邯郸这座城市的文化符号和精神标志。

赵武灵王带领着赵国一步一步走向巅峰，他在征服列国的同时也享受着胜利带来的快感，可是作为君王，每日不能只研究军事带兵打仗，还需要处理内政、外交、民生等大小事宜。为了能够更好地开疆拓土，公元前299年（赵武灵王二十七年），他突然在王宫宣布传王位于幼子

邯郸武灵丛台远景

赵何，自己仍掌管兵权，自称主父，首创中国历史上太上皇的先例。对于赵武灵王壮年让位，很多人不能理解。其实，赵武灵王除了有意专心于军事以外，更有侠骨柔情、感性冲动的不为人知的一面。可他犯了帝王家不该重情重义的大忌，这也为他后续的人生悲剧埋下了祸根。

故事要从赵武灵王的家事说起。赵武灵王有两个宠爱的儿子，大儿子赵章，是发妻“韩女”所生，他遗传了父亲优秀的基因，所以备受赵武灵王喜爱，很快被立为太子。赵章也非常得力，在征战中山国时战功卓著。二儿子赵何，是宠妃“吴娃”所生，也深得父王喜欢。本来岁月静好，相安无事，可是发妻韩女命薄先去世了，加之后母屡进谗言，渐渐地太子失去了父亲的宠爱。可是没过多久，吴娃也去世了，在临终前还留下了希望能够让自己儿子赵何继承王位的遗言。赵武灵王经历着中年丧妻之痛，接二连三的打击让他有些精神恍惚，想起生前最爱的女人是吴娃，于是真的遵循她的遗言，废长立幼，让年幼的赵何成为继承人。可当他看到优秀的大儿子为此消沉又心生愧疚，心里又盘算着将赵国一分为二，让两个儿子分别管理。

“一国二主”的政策还没有实施，便让大儿子心生了叛逆之心，也引起了二儿子的不满。可恍惚的赵武灵王还以为事情可以在他的掌控当中，于是在离邯郸不远的沙丘设宴，还有意调和矛盾，和谐分家呢！没想到事情已经不在他的控制之中了，大儿子赵章决定先发制人，假称主父有令召见赵何。相国肥义担心有诈，去试探虚实时被杀，于是双方展开激战。大儿子赵章战败走投无路，只好投奔父亲，被接纳入宫。前去镇压叛乱的大将公子成与李兑包围了主父宫殿。事情演变到这种程度，赵何与众将都明白撤兵后意味着什么，因此拒绝撤兵，但又不敢冒天下之大不韪直接弑父弑君，于是叱咤风云的一代英雄赵武灵王就这样被困沙丘三个月，最终被活活饿死在宫中。史书上对被困的赵武灵王描写得非常凄惨：“主父欲出不得，又不得食，探雀鷇而食之。”（司马光《资治通鉴》）他只能靠捕捉麻雀维持生命，最终饿死宫中！大儿子赵章也自杀身亡。这就是历史上赫赫有名的“沙丘之变”。

赵武灵王的一生既精彩绝伦，又可悲可叹；既决策果断，又犹豫不决；既智慧超群，又糊涂蒙昧。所有矛盾的根结逃不出一个“情”字，一代英雄也会为情所困。去掉“情”字，都为理性发声；加上“情”

赵王城遗址

字，都为感性注解。也正是因为赵武灵王具有矛盾的两面，才体现出他是一位有血有肉的真英雄，才让后人更加喜欢他。无论客观结果是怎样的，毕竟他的初衷是为了赵国的前途，为了儿子们的和睦，于公于私无可厚非。可是，历史的发展不以人的意志为转移，即便像赵武灵王这样的英雄也不能逆历史而行，在当时各诸侯国激烈竞逐的背景下，各国都想扩大版图，兼并邻国，统一天下才是历史发展的大趋势，违背历史潮流的倒行逆施，必然会一败涂地。

这个世界上的所有人都有自己的命运，有些人本身就能活成一颗恒星，其他人只能围绕他转，借光生存发展，比如赵武灵王。虽然他的寿命不长，虽然他的结局悲惨，但是个体悲惨的宿命不能掩盖和磨灭他对一个时代的影响。他是那个战乱时代闪耀的恒星，让许多诸侯国闻风丧胆。他的丰功伟绩、他的改革精神都刻在了历史的长河中，两千多年过去，仍然闪闪发光。至少在邯郸人民心中，他永远是那个最帅的王！人

“胡服骑射”雕塑

们不愿想起他最后岁月的蹉跎，更不能接受他客死他乡。邯郸是成就赵武灵王的地方，是他的家乡。相同，赵武灵王也是成就邯郸的君王，是它的故人。提到邯郸，就不能不提赵武灵王，不能不提胡服骑射，不能不提武灵丛台……

现在邯郸城还有很多赵武灵王的雕像。其中最常见面也是我最喜欢的一座雕像，坐落在邯郸市东北角京港澳高速出口一个环岛中间，赵武灵王身披盔甲披风，跃马引弓，他目光如炬，搭弓射箭，人与马合作得天衣无缝，仿佛浑然一体，威风凛凛，气势恢宏，充分展现了赵武灵王的霸气！这座雕像由于体量很大，逐渐成为邯郸地标性的雕塑建筑。请记住，它的名字就叫“胡服骑射”。

都城故事多

赵武灵王死后，赵惠文王赵何即位。他虽然年幼，没有父亲的魄力和雄心，但在政治上也逐渐成熟。他最大的优点就是知人善用。这一点对于一个帝王非常关键，自己能力再强，如果不会用人，没人辅佐也是不行的。而赵惠文王正是这样一位优秀的管理者，能够做到善纳忠言、奖罚严明、有理有节。他所重用的人在历史上都是大名鼎鼎的，例如他曾任用平原君为相，蔺相如为上卿，廉颇、赵奢为将。这些人物在我国历史上都是建功立业的典范。不仅会用人，赵惠文王在外交上以理折服强秦，对内整顿税收，使得“国赋大平，民富而府库实”。他在军事上不断攻取齐魏两国土地：赵惠文王十九年（公元前280年），赵奢攻取齐国麦丘（今山东商河西北）；赵惠文王二十年（公元前279年），廉颇攻取齐国昔阳（今河北晋州市西北）；赵惠文王二十三年（公元前276年），廉颇攻取魏国的几（今河北大名东南），可以说赵惠文王是继赵武灵王后比较有作为的国君。

此时的赵国，达到了历史的鼎盛时期，实力位居诸侯国的第二。可能有人不禁会感叹：赵国都这么努力了，才排第二，那么第一是谁？第一当然是后来统一中国的大秦。战国时期就是这么内卷，不谋生必会死，所以各国都在励精图治，上进心、企图心、竞争力、策划力……被激发得淋漓尽致。那么，秦国又比赵国强在哪里？两个字：有钱！不过谁家的钱也不是大风刮来的，财富是靠智慧和劳动创造出来的。学过历史的朋友都知道商鞅变法，这就是在秦国实行的改革，内容大致为：废井田、重农桑、奖军功、实行统一度量和建立县制等一整套变法求新的发展策略。这个改革可了不得，因为这与赵武灵王胡服骑射的军事改革不同，而是涉及经济、政治、军事、文化等一系列的改革措施，是涉及生产关系与生产力的变革。更重要的是，商鞅变法比赵武灵王的胡服骑射改革早了近50年。正是因为商鞅变法卓见成效，秦国军队战斗力不断加强，发展成为战国后期最富强的集权国家。其中，很重要的一点就是秦国选择了与其他各国都不同的一条发展经济的道路，即重农抑商。在战争频发的封建社会，农业绝对是人民生存和战争补给的有力保障，也是快速积累社会财富的重要途径。“重农抑商”思想影响了中国两千多年的历史，成为中国人的思想基因。

当然，秦国和赵国的强大还有很多原因，但是不可否认的是都走上了改革的道路。正是因为改革能够改掉不适应社会发展的因素，才会走出一条快速发展的道路。秦国的不断强大对诸侯各国都构成了巨大的威胁，当然作为排在老二的赵国日子也不太好过。

记得小时候我们学过的两个成语故事，“完璧归赵”和“渑池之会”。当时我就觉得故事里赵国有两个人形成了鲜明的对比，就是赵王和蔺相如，赵王给人感觉胆小怕事，蔺相如则表现得大义凛然、临危不惧。故事里的赵王就是赵惠文王，其实他并非像故事里表现得那么懦弱怕事，也许是为了突出蔺相如的高大形象，赵王做了陪衬罢了。不过这两个成语故事却体现了一个事实，那就是秦国的强大、蛮横、目中无人。赵国与秦国终将大战一场！不过这都是后话，且看眼前的岁月静好。

赵惠文王时期赵国国力达到了顶峰。其实，自赵敬侯迁都邯郸以后，赵国就进入了相对稳定时期，经过了几代的发展，邯郸城也今非昔比，发展成为当时繁华的大都市。《史记·货殖列传》中说邯郸“北通燕涿，南有郑卫”，优越的地理位置也是邯郸发展的有利条件，使其很快跻身战国时期八大经济都会的前列。加之赵国实行农商并重政策，商业氛围非常浓厚，邯郸成为当时北方广袤地域内的商品集散地，聚集了不少外地的商人大贾。所谓“人多是非多”，人多故事也多。无论是达官贵族，还是平民百姓，在热闹的邯郸城内发生了很多生动的、有趣的、感人的、深刻的、惊心动魄的故事。虽然过去了两千多年，很多故事到现在仍在流传。这些故事被有文化的中国人提炼成了“成语”，故事也就变成了成语故事，这也是古城邯郸被称为“成语之都”的缘由。每一个成语故事不仅蕴含着哲理，也记录着邯郸的历史。

当我们诉说着这座城市发生的历史故事时，仿佛这座城市就鲜活了，那段历史也就鲜活了。不必做梦，“想象”“感受”就可以穿越回任何纵向的时光。

按照古人尊卑有序的传统，先从王侯将相的故事说起吧！先说说比国君更有故事的亲戚，赵何的亲弟弟，赵武灵王的三儿子赵胜。说起赵胜可能有点陌生，但是说起平原君，我们应该都不陌生了。平原君被誉为战国四公子之一，战国四公子分别是赵国平原君赵胜、齐国孟尝君田文、魏国信陵君魏无忌、楚国春申君黄歇。战国末期，秦国越来越强大，各诸侯国贵族为了对付秦国的入侵和拯救本国，竭力网罗人才。他们礼贤下士，广招宾客，以扩大自己的势力，因此养“士”（包括学士、方士、策士或术士以及食客）之风盛行，并逐渐形成了一种社会风气，战国四公子正是以养“士”著称。

战国是一个非常重视人才的时代，因为竞争的核心就是人才。各国为了在竞争中立于不败之地，不惜用重金和优厚的条件来吸引人才。“养士”正是战国时期招揽人才非常重要的一种形式，或者说是一种管理机制。这种招揽储备人才的形式后来一直被封建社会所使用。

“养士”光靠钱是不行的，必须要用真心！平原君之所以能被选为战国四公子之一，不仅仅是因为他供养三千门客，并“养”出了很多名士（比如敢于自荐的毛遂、名家代表人物公孙龙），更重要的是平原君真的把“士”放在尊贵的位置，真心尊重他们。历史记载这样一个故事：平原君家有一门客由于生病寻致跛脚，有一次他一瘸一拐地去打水，平原君的一个宠姬看到了觉得好笑，便大笑起来，平原君也没有当回事。但门客备感欺辱，心生埋怨，闷闷不乐，后来导致一些门客为此离开了平原君。平原君知道原因后，忍痛将自己的爱姬处死，以示其“养士”的真心。唐代大诗人李白曾说：“原尝春陵六国时，开心写意君所知。”说的就是战国四公子对待豪士们能够坦诚相待，肝胆相照。

这个故事虽然结局有点残忍，但从其中不仅看出了平原君“养士”的心境，更看出了平原君为赵国的赤胆忠心，他一生都在为赵国的强盛而不懈努力。成语故事“窃符救赵”“毛遂自荐”“奉公守法”“利令智昏”“翩翩少年”“脱颖而出”……均与平原君有关，所以后人也称平原君为“成语篓子”。可见，平原君在战国时期的存在感有多强。每个故事无论结局怎样，但都能够看出平原君行为与决定的出发点都是为了赵国的利益。

为了赵国整体利益着想的不只平原君一人，在邯郸比平原君更家喻户晓的人物当属廉颇与蔺相如了。他们都属于赵国的重臣，蔺相如“完璧归赵”“渑池之会”让赵国振奋人心，但是更值得让邯郸老百姓津津乐道的却是“回车巷”和“负荆请罪”的篇章。故事里虽然有人性里争风吃醋、争强好胜的部分，但最终两位贤臣能够以国家大局为重，放下一己私欲，化干戈为玉帛，成为刎颈之交。回车巷在今日仍然存在，不知道那里是不是蔺相如当日回车的地点，还是后人只是为了纪念他而命名的。总之，邯郸百姓喜欢这个故事。之所以喜欢，是因为这样的故事发生在生活里更真实、更富有人情味，体现了邯郸人心里能容人的优良品质。不知道是不是由于这样文化熏陶的缘故，邯郸人从来不排外，他们认为只要在邯郸生活就是邯郸人。

要说人情味，最具人情味的故事莫过于市井生活。老百姓的生活其

回车巷

实比起达官显贵更加丰富多彩。想必“邯郸学步”里那个笑煞邯郸人的寿陵少年更加深入人心。这个故事讲的是燕国的寿陵有一个年轻人，听说赵都邯郸非常繁华，并且那里有一种舞步也非常优美，于是不顾路途遥远，跋山涉水，专程来到邯郸学习。可是他连学了几个月，也没有学会。他越学越差劲，不但没有学会邯郸的舞步，把原有的走路姿势都忘记了，最后只好狼狈地爬回了家。这个“努力上进”却只会机械模仿的学步少年也得到了邯郸百姓的喜欢。多年以后，明代万历年间在沁河上建了一座石拱桥，取名便是“学步桥”，可见邯郸人是多么喜欢这个可爱的、傻傻的寿陵少年。这座桥后经过重修，至今人们仍然可以到桥上学学邯郸人如何走路。

不仅燕国寿陵少年来到邯郸发展、学习，这个时期的邯郸可以说达到了历史上的鼎盛时期。赵都邯郸的政治中心地位和雄厚的经济实力，为文化艺术的发展提供了物质保障。当时的邯郸聚集了不少士人学者，或著书立学，或辨彰学术，一时间呈现学术活动非常活跃的局面，邯郸也逐渐成为学术活动的中心。

春秋战国时期，是我国文化史上绽放的第一朵绚丽的花。在那样一个战争频繁的时代，却创造了“百家争鸣”的文化辉煌。邯郸作为那个时代最重要的城市之一，也共享了时代的红利，主动注入了文化的基因。到战国后期，稷下学宫的许多学者由于不满于齐王制定的“不事而议论”的政策，便纷纷离开齐国。同时，赵惠文王与其儿子又积极致力

邯郸的学步桥

于引进人才，当时罗致、吸引了一批包括学者在内的士人。《战国策》中记载当时“天下之士合纵相聚于赵”，在此开展政治、军事、思想的大讨论，一时间争鸣激辩之声不断，盛况空前。

比如大思想家，也是道家学派代表人物庄子就曾来过邯郸。相传赵惠文王在位时，有一段时间沉迷于观赏击剑，于是赵国太子就邀请庄子去规劝赵惠文王。庄子以天子剑、诸侯剑、庶人剑比喻治国的方法，成功规劝了赵惠文王。《庄子·说剑篇》展现了庄子这位说客高超的语言技巧，也是对战国时期剑术及击剑理论的侧面反映。庄子的武学思想言论对后世产生了极其重要的影响，今有学者认为该篇已经具备了武侠小说的基本元素，庄子可被视为中国武侠小说的鼻祖。庄子虽然未在邯郸“晓梦迷蝴蝶”，也未曾在邯郸作《秋水篇》，但是邯郸让我们看到了一个不一样的庄子。

比如大思想家，也是儒家学派的代表人物荀子就是赵国邯郸人。他早年长期居住生活在邯郸，自幼就受到了当地浓厚的学术氛围熏陶，后出游齐、楚等国，晚年又回到邯郸。他著有《荀子》三十二篇，批判地总结了先秦诸子的学术思想，推动古代唯物主义思想的发展。同时，他还是一位著名的教育家，所著的《劝学》对后世每一位学生都影响深远。其中开篇两句：“青，取之于蓝，而青于蓝；冰，水为之，而寒于水。”这正是他教育学生的真实写照。战国后期秦国两位著名的政治人物韩非子和李斯都是他的学生，他们在政治上的作为都超过了老师，并脱离老师，成为战国时期法家学派的代表人物。不过，这也使得荀子受到了后世许多非议。后人有评价说荀子表面上看是儒家，实际上是法家；也有人说荀子将儒学贱卖给了统治阶级；还有人说荀子自己是赵国人，培养的两个学生却帮助秦国消灭了赵国……评价本身也许就是一种流言蜚语，邯郸人却始终以荀子为荣。今日的邯郸城到处都有荀子的

邯郸的荀子雕像之一

“踪迹”：荀子大街、荀子公园、荀子小学、荀子雕像……

比如大思想家，逻辑学的开山之祖，名家代表人物之一公孙龙也是赵国人，还曾做过平原君的门客。公孙龙先生不仅学识渊博，并且是一位和平人士，他反对诸侯兼并战争，主张兼爱天下。在他身上发生过两件被后人称道的事情。其一：有一次，他骑着一匹白马出城，走到城门前，看门的官吏却言上级有令，马是不允许出关的。只见公孙龙先生急中生智，发表了名垂千古的“白马非马”论：“马者，所以命形也；白马，所以命色也。命色者非命形也。故曰：白马非马。”当时就给看门的官吏绕进去了，直接放行。其二：孔子的第七代孙孔穿也是当时著名的儒学代表人物，他听说赵国的公孙龙先生非常善“辩”，于是到赵国时专程拜访了他。双方展开了辩论。先贤的辩论往往是激烈的，孔穿表达自己不同意“白马非马”的观点，坦言如果对方放弃“白马非马”的观点，那么自己甘愿成为其弟子。公孙龙也直言：“先生之言悖。龙之学，以白马为非马者也。使龙去之，则龙无以教；无以教而乃学于龙也者，悖。且夫欲学于龙者，以智与学焉为不逮也。今教龙去白马非马，是先教而后师之也；先教而后师之，不可。”我们不能想象当日双方辩论是如何的语调、如何的表情，又是如何收场的，但智慧的光芒却一直闪耀在邯郸的上空。公孙龙先生的哲学智慧启发了一代又一代的读书人，让我们明白事物与概念、一般与个别之间的区别。

再比如法家代表人物慎到、处子，纵横家代表人物虞卿，名家代表人物毛公，天文学家尹皋等许多学者都曾在邯郸讲学论道，开展学术活动。总之，当时邯郸的学术氛围相对浓厚。这么多不同学派的学者能够同时在邯郸这样一个大舞台展示才华，这本身就说明了赵国、邯郸的思想文化具有极大的包容性和开放性。

文化的形式是多样的，如果说学术交流属于理论的、抽象的、形而上的，那么属于具体的、形象的、接地气的文艺和民俗也是不可或缺的。战国时期的邯郸除了是学术交流的中心，还是著名的文化艺术中心。《史记·货殖列传》述：

> （赵）中山地薄人众，犹有沙丘纣淫地馀民，民俗懁急，仰机利而食。丈夫相聚游戏，悲歌慷慨，起则相随椎剽，休则掘冢作巧奸冶，多美物，为倡优。女子则鼓鸣瑟，跕屣，游媚贵富，入后宫，遍诸侯。

司马迁提及了赵国一带，当然也包括邯郸当时的文艺状况：男子们常常相聚游戏玩耍，慷慨悲声歌唱。有一些长得好看的美男子，还会选择去当歌舞艺人。女子们常常会弹奏琴瑟，由于有一些才艺，为了生存也会向权贵富豪献媚讨好，很多人会进入王侯将相之家。其实，这些内容在历史故事里也得到过印证，比如说“邯郸学步”里面的寿陵少年就是年轻人来邯郸学习舞步的故事。至于当时赵国的女子当歌姬的部分，更是影响着历史的走向，古代的歌姬并不是只会唱歌跳舞的简单女子，很多都是运筹、策划、算计的高手。比如下文我们将详细介绍灭掉赵国的秦始皇母亲赵姬，未来加速赵国灭亡的赵悼倡后，均出身于歌姬。

除了提及赵国的文艺形式，司马迁在此还提及赵国当时的民风非常彪悍。也许是赵国地薄人众的原因，导致生存竞争非常激烈；也许是当时地处夷狄边界，地缘因素影响了人的性情；也许是赵武灵王胡服骑射之遗风存矣……到底因为什么说不清楚，可能这就是所谓的“一方水土养一方人”吧！

对于邯郸也是如此，这座处于历史高光时刻的古城，有高端的学术争鸣，也有三教九流的市井生活。无论是阳春白雪，还是下里巴人，都是历史的创造者与参与者。

赵孝成王负责任的三个决定

邯郸在赵武灵王和赵惠文王时期得到了飞速的发展，可以说这两位君主作为一代帝王是称职的。他们均不负历史和家族的使命，保卫了赵国的江山社稷，也保护了赵国百姓的安全，杀伐决断、运筹帷幄没有出现过重大过失。可到了下一代赵孝成王时，情形却发生了很大转变。赵孝成王作为热血青年，也想大有作为，可是由于他在三件事上做出了错误的判断和决策，导致一失足成千古恨，一步错而步步错，使赵国逐渐走向了衰败和灭亡，也孕育了邯郸城的巨大危机。

第一件事发生在赵孝成王即位四年，当时日趋强大的秦国与韩国发生冲突，秦军攻克韩国要地野王城，切断了韩国上党郡与其中心地区的联系，秦国当时费尽周折就是为了让韩国割让上党郡这块土地给自己。可韩国又怎肯心甘情愿将自己的国土奉献给敌人呢！于是韩国上党郡的郡守冯亭就心生一计，决定将上党奉献给强大的赵国，一则是因为当时只有赵国还具备与秦国抗衡的实力，二则可以顺理成章地将秦军引入赵国，以解自己的危机。

此计一出，赵国内部就展开了激烈的争辩。一方是以平阳君赵豹

（赵惠文王和平原君的弟弟）为代表的朝臣认为这是“无敌之利”，不可受之，并指出了韩国的别有用心。另一方是以赵孝成王与平原君赵胜为代表的权威派认为这是不费吹灰之力而“坐受城邑十七，此大利，不可失也”。当然，赵孝成王与平原君并不是没有看出韩国的别有用心，只为贪图小利。只是他们心中更明白，一山容不得二虎，秦赵之战迟早要来。秦国与赵国结下的仇恨不是一天两天了，赵国也受够了秦国的百般刁难。并且，他们认为祖祖辈辈驰骋沙场，不就是为了开疆扩土吗，如今白送来的土地不要，违背列祖列宗的初衷啊！富贵险中求，更何况这事被满腔热血的赵孝成王赶上了，必须选择迎战，直面秦国的挑战。就这样，赵国接受了韩国献地，并进军上党。

秦国也不是吃素的，费了半天力气，马上到嘴的肥肉被旁人给吃了，岂能忍气吞声。你不仁，休怪我不义！于是秦军毫不犹豫大举进军，不断增兵，终于导致了在战国乃至古代中国历史上一场史无前例的大血战——长平之战。

第二件事，长平之战爆发后，两国均派出了得力干将迎战。秦国派王龁为帅，而赵国则由老将廉颇率赵军在长平拒敌。廉颇是赵国老将，朝中重臣，对赵国更是忠心耿耿，并且他身经百战，作战经验极其丰富。当时，廉颇根据敌我双方的优劣势进行了详细的分析，认为秦军属于长时间、远距离作战，于是决定坚守不出，用持久战来消耗秦军的战斗力。果然，秦军速战不成，一筹莫展。从坚守的战术目的来看，廉颇是成功的，秦军无论怎么攻打都突破不了丹河防线。双方形成对峙局面，因此战争持续了三年。秦军方面损兵折将，由于远离本土作战，粮草即将用尽，眼看就要不击自溃。于是，秦王向众臣问计，丞相范雎献离间计：“廉颇身经百战，很有谋略。要想攻破赵国，必须想办法把廉颇替换下来。”于是，秦国派出心腹，带巨款来到邯郸进行贿赂。不久，赵孝成王就听到了各种关于廉颇将军的传言，说廉颇年老怯战，又说秦军最怕的是名将赵奢之子赵括。社会阅历尚浅的赵孝成王信以为真，加之三年的消耗战让国内开始暴露出经济实力不足的弱点，他也就有了速战速决的想法。于是，赵孝成王做出了人生第二个风险性极高的决定：让赵括取代廉颇为主将。

先来说一说赵奢和赵括父子二人。赵奢是战国时期赵国名将，年轻时就跟随赵武灵王，可谓是三朝元老。他因为屡立战功，因此被赵惠文王封为“马服君”，人们便称他的儿子赵括为“马服子”。赵括“纸上谈兵”的成语故事家喻户晓，但这个成语也并非一直是贬义词。赵括小时候特别喜欢读兵书，并研习阵法，谈论起用兵之事头头是道。父子俩探讨起军事来，辩论时连父亲赵奢也驳不倒他。所以大家都认为赵括是将门虎将，军事奇才。只有父亲赵奢不认可自己的儿子，认为他终日夸耀学识，为人浅薄，刚愎自用，难成大器。其实，赵括并非完全像父亲形容的那样一无是处，赵括的好口才本来就是成为人才的有利条件，并且出身名门，学识和修养都是合格的。并且他在前期也获得一些小的战功，否则赵王也不会傻到用他统领四十多万大军迎敌。其实，造成“纸上谈兵”成为贬义词的，还是因为赵括遇到了比他更强大的对手——战国名将白起。其实，起用白起为主将也是秦国一计，长平之战后期秦国明面上任命王龁为主将，可当得到赵国任命赵括为主将的消息后，秦王立即秘密派遣白起替换王龁为主将。白起何许人也？那可是中国历史上继孙武、吴起之后又一位杰出的军事家，《千字文》将他与廉颇、李牧、王翦并称为战国四大名将，位列四将之首。

赵括遇到白起，就好比以卵击石。身经百战的白起只简单地用了一招佯败后撤的小计，就将赵军陷于不利之地，用整个袋形埋伏圈将其堵住，然后背地里又截断了赵军的粮草。秦昭襄王听说赵国的粮道被切断，备受鼓舞，下令征调秦国十五岁以上男子全部应战，倾全国之力与赵作战。历史记载，赵军断粮两月有余，饥饿不堪，军心动摇，甚至自相杀食。后赵括走投无路，重新集结军队，亲自领兵突围，终不能出。赵括本人因战马突然马失前蹄，摔倒在地，被乱箭射死，命丧战场。赵军失去主帅，军心大乱，四十万赵兵选择了投降。

白起绝对是军事领域的狠角色，他将四十万投降的赵国士兵全部坑杀，只留下二百多个年纪小的士兵回赵国报信。这不是杜撰的历史，至今在山西省高平永录村还有长平之战古战场遗址，之后在此发现了长平之战死难士兵的尸骨坑。

写到这里，我不禁瑟瑟发抖，不是因为赵国即将走向灭亡的边缘，只因脑海里无数次想象坑杀四十万人到底需要多大的坑，赵国又有多少个家庭因战争失去至亲而痛不欲生？战争真的是太可怕了，让人丧失人性。人类在走向文明的过程中为什么要经历如此的野蛮杀戮？

白起为秦国的江山立下了汗马功劳，可白起最后也未得善终，后因赵国也用重金对秦国使用反间计，成功挑拨白起与范睢将相失和，最终白起行至杜邮（今陕西省咸阳市任家咀村）时，秦王下旨赐剑命他自刎。白起拿起剑自刎时，仰天长叹："我对上天有什么罪过，竟落得如此下场？"过了好一会儿，他又说："我本来就该死。长平之战，赵军降卒几十万人，我用欺骗的手段把他们全部活埋了，这就足够死罪了!"说完自杀。真是"人之将死，其言也善"，在这个世界上，无论以谁的名义，也不能视生命如草芥！

那么对于败将赵括的家族又受到如何的牵连呢？赵括指挥长平之战失败后，赵氏家族也受到了很大影响。好在赵括的母亲遵从丈夫赵奢生前的遗言，当赵孝成王打算任命赵括为主将时，就劝谏赵王不可启用赵括，见赵王执意不从，赵母便恳请赵王答允"一旦赵括出了什么差错，请不要牵连我们”。看来知子莫若母呀！果然由于赵括的刚愎自用，自以为是，导致家族蒙羞受辱。父子二人同为赵国大将，由于取得的战果不同，结局却大相径庭。有的时候结果真的很重要，至少对于历史来讲，成王败寇就是客观的评价标准。好在赵氏家族有赵奢的荣誉在，因他生前被赐为“马服君”，因此后人自称马服氏。赵奢世孙赵兴崇敬祖父赵奢的功业，痛惜伯父赵括兵败给赵国带来的灾难，因而改赵姓为复姓“马服”，后去“服”为单姓“马”。从此，赵奢成为汉族马姓的始祖，赵奢安葬的马服山（现称紫山）便成了马姓开宗立姓的圣地。新中国成立后，经常有海内外的马氏宗亲代表团漂洋过海，不远万里来到邯郸紫山寻根祭祖。

长平之战，秦军先后斩杀和俘获赵军共四十五万，赵国上下为之哀痛震惊，从此元气大伤，一蹶不振。长平之战是战国历史上一次规模空前的战争，也是全世界战争史上罕见的残酷大屠杀，成为赵国由强盛走向衰败的标志。

邯郸紫山全貌

长平之战使秦赵两国彻底撕破了脸，反目成仇。所以，大战之后，秦军并没有就此善罢甘休，反而乘胜追击。于是，赵国拉开了邯郸保卫战的序幕。赵孝成王七年秋，秦军经过修整后再度进兵攻赵，这次直抵赵国都城邯郸城下。秦军进军之初，攻势甚锐，同时进行外交威胁，扬言“吾攻赵，旦暮且下，而诸侯敢救者，已拔赵，必击之”。秦国的恐吓很有成效，各国均不敢与秦为敌。赵国处境非常艰难，由于长平之战死伤惨重，“壮者皆死长平，其孤未壮”，可谓民困兵尽，形势万分危急。司马迁在《史记》里描述，当时甚至出现“邯郸之民，炊骨易子而食”的现象。拿人骨当柴烧，交换孩子当饭吃，不知道是一种夸张的说法，还是历史的确如此，总之，邯郸保卫战打得异常艰难。统治者一度有开城迎降的想法。反而是邯郸百姓及守城的将士牢记长平之战投降士卒被杀的惨痛教训，愿意同仇敌忾，誓死保卫家园。

另外，在邯郸保卫战中起到关键作用的人物还有平原君赵胜。其实此时赵胜也悔不当初，如果不是自己当初力谏赵王接受韩国献予的上党郡，也不至于这么快就引来秦国的虎狼之师。司马迁也在《史记》中评论赵胜：“平原君，翩翩浊世之佳公子也，然未睹大体。鄙语曰‘利令智昏’，平原君贪冯亭邪说，使赵陷长平兵四十余万众，邯郸几亡。”

平原君在邯郸保卫战中真的是全力以赴，毫无保留地极力维护赵氏王权。对内“令夫人以下编于士卒之间，分功而作，家之所有尽散以飨士”“得敢死之士三千人。李同遂与三千人赴秦军，秦军为之却三十里”。平原君绝对是行动派，并不只是在言辞上去维护赵国王权，而是赴之于实际行动。能够做到将自家夫人以下的全体成员编到士兵队伍中，分别承担守城劳役，把家里所有的东西全都分发下去供士兵享用……这种散尽家财的作为不是谁都能做到的！不仅如此，他还组织三千人的敢死队。命令传舍吏子李同率领敢死队与秦军决一死战，秦军因此被击退了三十里，为邯郸保卫战争取了外援的时间。他对外积极争取楚、魏两国的援助。由于秦国之前放出的狠话，所以使得争取外援难上加难。那平原君是如何做到的呢？其实两个成语就能解释。对楚“毛遂自荐”，平原君选拔勇于自荐的门客毛遂赴楚游说，依靠他的机智勇敢和对形势的精辟分析，成功说服了楚王出兵援赵。对魏“窃符救赵”，平原君的夫人是魏国信陵君魏无忌的姐姐，于是平原君向信陵君求助曰：“胜所以自附为婚姻者，以公子之高义，为能急人之困。今邯郸旦暮降秦而魏救不至，安在公子能急人之困也！且公子纵轻胜，弃之降秦，独不怜公子姊邪？”重情重义的信陵君看完，于是极力说服魏王出兵营救。然而魏王畏惧秦国，不敢出兵。然后历史就上演了信陵君盗窃兵符擅自出兵的一幕。就这样，信陵君以断送自己职业前途和世代幸福的代价，换取了挽救邯郸的援兵。在赵国军民经过殊死抵抗和楚、魏两国援军的鼎力救援之下，赵国粉碎了秦军对邯郸的围剿和攻击，历时两年之久，于赵孝成王九年（公元前257年）终于取得了邯郸保卫战的最后胜利。

邯郸保卫战使得赵国元气大伤，邯郸城也遭到了一定程度的破坏，这就是邯郸建城史上第一次重大的浩劫。古城就像一个涉世未深的少年，面对突如其来的变故，变得惴惴不安，也正是经过了这一次的坎坷与波折，让其逐渐褪去了年少的稚嫩，开始直面残酷的现实。生活不仅仅是歌舞升平，还有数不清的打击与磨难。邯郸百姓也变得更加务实，更加具有忧患意识和家国情怀。

第三件事既是家事，也是国事。那就是关于继承人的任命。赵孝成王年少即位，在位二十一年，公元前245年去世，可以算是在赵国历史上执政时间比较长的君王，但是他却在立储一事诸有不顺，犹而未决。史书记载赵孝成王也曾立过一个太子。根据司马迁在《史记·赵世家》

中说的那样，赵孝成王十年（公元前256年）“太子死”。之后，赵孝成王便对立储一事犹而未决，估计是剩下的儿子们没有能够让他真心满意的。后来的事实也证明，他的一个儿子卖国（春平君）、一个儿子祸国（赵悼襄王）。野史记载，其实赵孝成王心目中相对较为满意的太子人选是春平君，因为他自幼聪颖。不知道是什么原因，后来春平君被送到秦国做质子，可能是赵王为了让他立功于社稷，扩大其影响力，多加历练，以便于名正言顺地立为太子，也有可能是被逼无奈，总之赵孝成王晚年派其到秦国做质子。但十分遗憾的是，直到赵孝成王崩殂，春平君也没能从秦国回到赵国。国不可一日无君，加之赵孝成王犹豫未决，始终没有正式宣布立春平君为太子，所以留在国内的赵偃被群臣拥立为新的赵王，是为赵悼襄王。后来的历史证明在立储一事上，赵孝成王应负主要责任。因为赵悼襄王并不具备成为一国之君的品格，当时赵国内忧外患，而他还不及老百姓具有忧患意识，只关注自身的利益和私欲，不分忠奸，宠养逆臣、立倡为后、废长立幼、陷害忠良。他加快了赵国的灭亡，可谓德不配位，自取灭亡！

以上就是赵孝成王需要负历史责任的三个决定，但不能理解为他的三宗罪，因为谁都不能预见未来，只能说一种选择对应一种可能性的结果。赵孝成王的一生其实是经历了许多风险的，他均能以积极的心态，正面去面对，这就是对国家负责的、对百姓负责的、对宗族负责的态度。可实话实说，以当时形势及赵国的发展趋势，他无论如何也算不上是一位有作为的国君。

邯郸的外甥
——秦始皇

人们常常说：“乱世出枭雄！”也许某些人出生时就是带着历史的使命来到人间的。战国的后期，各国打来打去，征战不断，百姓苦不堪言。秦赵两国更是拼得你死我活，长平一战就让赵国直接伤亡四十多万人，就在长平之战余烟未消、血迹未干的第二年，在赵国都城邯郸有一男婴诞生了，他就是未来统一天下、响彻华夏大地的千古一帝——秦始皇嬴政。关于秦始皇的许多故事流传世界各地，有人说他是一位非常有作为和魄力的帝王，也有人说他残暴至极。有人说他统一的不仅是中国的土地，还统一了中国的文化，也有人说他“焚书坑儒”破坏了华夏文明。有人说他修建长城功在千秋，也有人说他修建长城残害百姓……秦始皇就是这样一位有争议的乱世枭雄。其实，他的脾气、他的秉性、他的学识、他的能力、他的魄力……一切生命附加的能量都可以在他的童年找到，用现代心理学的语言，就是原生家庭带给秦始皇的一生影响。而秦始皇的童年正是在邯郸度过的。

秦始皇于公元前259年正月出生于邯郸，因为是正月所生，故起名为政。他的父亲是后来的秦庄襄王，在秦始皇出生的时候，他的父亲地位和处境都不尽如人意。因为当时他的父亲异人正在赵国邯郸做质子。什么是质子？这要从质子制度说起，质子制度又叫质子外交，是君王或者军阀把自己的子女、妻子等亲近家属互相送到对方国家，主要是敌对国，形成一种外交妥协的关系。质子外交是春秋战国时期很重要的外交策略之一，因为当时列国纷争，谁也不相信谁，于是国君们便互派自己的儿子到别国作为人质，作为一种结盟的交换条件。有的时候是因为两国交战求和时，失败的一方为了表示臣服，也会把王子或者世子派到对方作为质子。有的时候王子或者世子作为使节出访，也会被对方扣为人质，被迫当成了质子。《史记》里面经常能看到“某太子质于某国”“某国使太子为质”“太子从某国归”等类似的话，说明这一现象在春秋战国时期特别普遍。秦始皇的父亲就是被送往赵国当人质的王子。

其实，秦始皇的爷爷安国君也在赵国当过质子，后因安国君的哥哥太子悼在魏国做质子时死在了魏国，作为次子的安国君需要尽快回国做太子，于是就派自己的儿子异人到赵国替自己做质子。当时安国君有二十多个儿子，异人排名居中，他既没有父亲对长子的期望，也没有父亲对幼子的宠爱，况且异人又是一个不受待见的妃子所生，也许这些都是异人被派到赵国当质子的原因。

异人到了赵国以后，秦赵两国的关系开始变得紧张，日渐强大的秦国经常与赵国发生冲突，使得作为质子的异人处境艰难。可这个世界上总有人慧眼识珠，这个人就是中国历史上投资回报率最高的大商人吕不韦。吕不韦在邯郸结识了异人，当得知异人的处境和底细后，毅然决定做他背后的“金主”，并自己亲自担任“经纪人”，“包装”和“捧红”异人，使其登上万人之上的宝座，然后帮助自己完成“奇货可居”的商业意图和政治意图。

为了取得异人的信任，并获得他在情感上的认同，吕不韦行动的第一步就是将自己貌美的爱姬送给了异人，帮助异人成立自己的家庭，而这个女人就是秦始皇的母亲赵姬。赵姬嫁给异人，于公元前259年生下秦始皇。

秦始皇出生在乱世，赵国刚刚在长平之战中大败，四十万将士被秦军活活“坑杀”，战争使母亲失去儿子，妻子失去丈夫，孩子失去父亲，赵国人对秦国恨得刻骨铭心。他出生的同年九月，秦军又咄咄逼人，直逼赵国国都邯郸，邯郸保卫战打响。上文中讲述了邯郸保卫战打得异常艰难，致使民不聊生，生灵涂炭，赵国大有亡国灭种的危险。赵

邯郸秦始皇出生地博物馆

国痛恨秦国之深不言而喻，那么作为秦国质子的异人，处境可想而知。赵王几度想杀死异人，最终吕不韦用六百金贿赂守卫，帮助异人逃回了秦国，并贿赂秦国得宠得势的华阳夫人将异人收为继子，改名子楚，准备继承王位。男人们忙碌着活命和自己的前程，可怜了赵姬母子俩，孤儿寡母无依无靠地面对着危险与恐惧。而此时的秦始皇只不过是个乳臭未干的三岁孩子！大人们一旦情绪失控，就将愤怒与仇恨发泄到这对手无寸铁的母子身上，所以可以说秦始皇的童年是在“提心吊胆、诚惶诚恐、东躲西藏、胆战心惊……”中度过的。难怪郭沫若老先生后来评价秦始皇说他“是一个可怜的孩子”。一个孩子的童年，毫无安全感可言，能够信任的只有自己的母亲。母亲对于秦始皇来讲，是一生中最重要的存在，是他一生最爱的人、也是后来伤害他最深的人。赵姬是邯郸人，甚至是邯郸美女的代表人物之一，更是坚强与勇敢的女性代表。可以说在秦始皇小的时候赵姬的确非常不容易，面对赵兵的不断追杀，带着儿子总是东躲西藏，邯郸炉峰山至今还流传着当年他们逃难的故事，母子情深，感人至极。

这样忍辱负重的生活一直持续到公元前251年秋天秦始皇九岁的时候，秦始皇的太爷爷病故，秦始皇的爷爷安国君继位，封华阳夫人为王后，秦始皇的父亲为太子。当年十月，“赵亦奉子楚（异人）夫人赵姬及子政归秦”。也就是说，秦始皇九岁的时候离开了邯郸。

按理说，九岁的孩子回到王宫，受到祖宗的庇护，也可以安稳幸福地度日了，可上天对秦始皇的历练才刚刚开始。他的爷爷加冕三天后病故了，他的父亲称王后三年也撒手人寰了。他们把莫大的秦国留给了十四岁的嬴政。按照秦制，未到亲政年龄，少主临朝，母后执政，外加有相国吕不韦辅佐。此时嬴政年龄尚小，而母亲掌权，又正值盛年，耐不住深宫寂寞，于是又与旧情人吕不韦再续前缘。然而吕不韦已经今非昔比，早已实现了自己“奇货可居”的政治意图，怕事情败露受连累，于是使用一招“金蝉脱壳”，从自己的门客中选出一个叫嫪毐的邯郸人，诈称是受了腐刑，混进宫中伺候赵姬。太后赵姬掌权，忘乎所以，不仅为嫪毐加官晋爵，还与其生了两个私生子。然而，这一切终会败露。此时对于秦始皇而言，昔日疼爱和保护自己的母亲却带来了欺骗和伤害，跟旧情人吕不韦闹绯闻，与嫪毐鬼混……这些都让秦始皇颜面扫地，无地自容，甚至视为奇耻大辱。童年的痛苦经历，少年丧父的悲惨命运，加之无人可以信任的孤独处境……哪一样都是常人难以承受的，但是哪一个都没能成为压倒秦始皇的那根稻草！反而使他“意志刚烈、气质顽强”，甚至走向孤僻、冷酷、暴戾……于是杀伐果敢的秦始皇毫不犹豫地杀嫪毐、乱棍打死永不相认的“弟弟们”、清算“仲父”吕不韦……但对于自己的母亲，他只能默默地忍受，采取“久而隔绝”的措施，并下令：“敢以太后事谏者，戮而杀之。”但是，最终秦始皇还是原谅了自己的母亲，并把她接回咸阳。从这个意义上，不得不说秦始皇是一个孝子。公元前228年，太后赵姬去世，谥号为帝太后，与庄襄王合葬于芷阳。

秦始皇作为始皇帝，“千古一帝”，其度量与胸怀并不能在个人、家庭、家族恩怨中体现出来，应该把他放在客观的、历史唯物主义的长河中考证。

首先，他完成了一个时代赋予他的任务。“奋六世之余烈，振长策而御内”，兼并六国、一统中原，南征百越，北击匈奴，并吞八方，威震四海，建立了我国历史上第一个统一的、多民族的国家。秦王朝的地理版图为我国成为世界性大国奠定了基础。就这一点，他自诩“始皇帝”已不为过。在他之前，有多少帝王将相欲吞并八方，实现大一统的梦想，可又谈何容易，甚至兼并一个小国都要大费周折。的确，秦始皇能够实现统一大业，一方面依赖于祖宗的基业，一方面占尽了天时、地利、人和。最终，对于秦始皇的评价又归结到历史唯物史观上来："时势造英雄！"

其次，他认识到文化上的统一才能达到政治上的统一，于是将分裂了六百多年的天下制度缝合归一，并将文化改革进行到底，使得书同文、车同轨、统一货币、统一法律、统一度量衡。文化上的认同，才能达到民族的认同。所以中华民族历史文化能够源远流长，从根源上要感谢秦始皇。就这一点上，他对中华民族所产生的非凡影响，无人可以企及。

再次，他开创了国家管理新模式。他是中国历史上第一个使用"皇帝"称号的君主，自称"始皇帝"，后人称之为"秦始皇"。他建立了封建专制主义中央集权制度，组建了以"三公九卿"为代表的政府机构，废除分封制、推广郡县制，县令、郡守不能世袭，全部由中央进行任命。这样的国家管理模式影响了中国两千多年，甚至至今仍然是我国乃至世界上许多国家效仿的行政基本框架。

从次，他是伟大的建筑、水利规划师，现代旅游产业策划大师。这样评价秦始皇可能有点新潮，但是确是尊重客观历史的。秦始皇对我国的建筑事业、水利事业、甚至是旅游事业的巨大影响至今仍在。他主张修建长城，虽然原始意图在于军事防御，可万里长城的修建，使得我国古代建筑技艺展现得淋漓尽致，成为世界建筑史上罕见的奇迹，并位于世界最宏伟的"古代四大工程"之首。他主张兴修的郑国渠和都江堰水利工程，至今仍然是工程领域的典范。都江堰的创建，以不破坏自然资源，充分利用其为人类服务为前提，变害为利，使人、地、水三者高度协和统一，是全世界迄今为止仅存的一项伟大的"生态工程"。更重要的是：都江堰水利工程经过两千多年的洗礼，至今仍在造福百姓。秦始皇功在千秋的伟绩不仅如此，万里长城和都江堰还成为我国现在著名的旅游景点。为他陪葬的兵马俑，竟然能让世界点赞，被列为世界文化遗产，誉为世界第八大奇观。为此而来的游客络绎不绝，先后竟然有二百多位外国元首和政府首脑参观访问。而真正的秦始皇陵却无法打开，成为现代考古技术仍然无法破解之谜。当然，除了对秦始皇英雄人物的肯定，还不能忘记劳动人民才是历史的创造者，毕竟仗是士兵打的、万里长城是工匠修的、水利工程是老百姓干的、兵马俑是石匠造的……最后，秦始皇是邯郸男人的杰出代表。无论他自己承不承认“邯郸男人”这样的称谓，毕竟他的祖父、父亲和他本人均在邯郸长时间地生活过，他的母亲是地地道道的邯郸女人，他自然也是邯郸的外甥。他在邯郸出生，可以说这里是孕育他的地方。抛开儿时悲惨的经历，客观上讲这片土地的天地灵气滋养过他，这片土地的文化熏陶过他，这片土地的人情世故影响过他……我们不能排除他儿时听过荀子的大名，是他日后重用荀子的学生韩非子和李斯的理由、我们也不能排除他儿时听过赵武灵王的英雄事迹，是他日后大刀阔斧改革的效仿对象。

其实，说到秦始皇与赵武灵王，二者同是作为邯郸男人的杰出代表，不仅仅在气魄上、能力上、性格上有相似之处，就在个人命运上也存在着空间上的交集。我们知道赵武灵王最后的生命终结在沙丘，而秦始皇在第五次东巡途中，也因病驾崩于沙丘，魂归赵地。就这样，不到一百年的时间，沙丘见证了两位伟大帝王的离去，而二者的寿命均未超过五十岁。即便是再伟大的人，也只能选择自己生存的方式，而无法预知自己死亡的状况。也许这就是孔子说的“不知生焉知死”，对于一般人活着的事还没弄明白，又怎么能明白死？或者说，活着还没弄明白，研究死又有什么用？

秦始皇虽然生命终结在四十九岁，可他却留给中国历史浓重而绵长的一笔，功过自有后人评说。有人喜欢评价他的性格，有人喜欢歌颂他的功绩，有人喜欢议论他的过错，有人喜欢研究他留下的谜题，有人喜欢探究他求仙的八卦……没有更客观的评价，只有不同角度、不同立场的评说。

回到人物与空间关系上来，说一说秦始皇与邯郸，彼此都是非常复杂与矛盾的存在。就秦始皇而言，邯郸也许是他儿时的噩梦，提起邯郸可能会让他想起儿时的种种磨难，为他注入无限的仇恨。可他却又无法否定邯郸的历练是他快速成长的催化剂，使他更能洞察人心，更能察觉危险，更能直面困难，使他日后更能面对和处理复杂局面及问题。就邯郸而言，秦始皇是邯郸的外甥，流有邯郸人的血脉，却始终是强敌秦国的代表，在邯郸出生成长，却最终一手毁掉了邯郸的繁华。当然，邯郸城的历史走向并不是由秦始皇一己之力所为，但他却是最有力的推手。

那么除了秦国日渐强大，加速了赵国的灭亡，作为秦国最大的强敌赵国，又是如何快速堕落，使国运气数终结，并拱手让出邯郸的？请看下文分解！

长使英雄泪满襟

邯郸保卫战，赵国虽然获得了惨胜，但是自身也受到了重创，可谓“伤敌一千，自损八百”，国势日衰。就好像一个健康的人生了一场大病，本该休养生息，恢复元气。可无奈，天时不应人，接二连三的遭遇只会消耗更多的元气，直至悲剧的发生。而此时的邯郸城正暗流涌动。

战国的后期，竞争已经到了白热化，各国征战更加频繁。强大的秦国采取“远交近攻”的外交政策，所以地理位置近的赵国自然成为秦国进攻的主要对象。另外，赵国与燕国、魏国也经常发生大规模的战争。频繁的战争，不仅锻炼了队伍，也锻炼了将领。使得赵国后期涌现了许多战国时期的名将，例如廉颇、李牧、庞煖等，战国四大名将（白起、王翦、廉颇、李牧）中，秦国与赵国各占两个席位。可见赵国的作战实力不容小觑，强秦三番两次对赵进行猛烈进攻，均未取得实质性胜利。既然战场上将领本事不相上下，那么国与国的较量便升级为国君与国君之间的大比拼。赵孝成王去世后，公元前245年赵国国君之位传给了赵悼襄王。赵悼襄王的资质与为人已经简略介绍过了，最适合他的词：德不配位！而同时期秦国国君即为后来统一六国的秦始皇嬴政。秦王嬴政于公元前246年继位，虽然当时他年仅十四岁，但已经可以临朝，且有母后执政，并有仲父吕不韦辅助，秦王嬴政的才干众人皆晓，不再赘述。二者相比，孰轻孰重？历史早已给出了答案，只是为赵国的名将、忠臣和誓死保卫家园的百姓感到遗憾。因为统治者的昏庸无道，枉死的枉死、冤屈的冤屈，正可谓“长使英雄泪满襟”！

细说一下昏庸无道的赵悼襄王（赵偃），都做了哪些“狗血”的事情。首先，就是他立倡为后，在他父亲赵孝成王还活着的时候，他就打算娶倡女入宫，差点把赵孝成王气个半死。这个倡女何许人也？关于她的姓氏历史没有记载，但是她对赵氏的毁灭性影响却记得清清楚楚。她本是邯郸城一名出身低微的倡女，以卖笑为生，后被赵王宗族看上，娶回家中。不知道是倡女克夫，还是她的丈夫天生短命，倡女进门不久丈夫便离开人世，从此这位倡女就开始了她的寡居生活。又不知道是精心设计，还是缘分所致，她得以与赵偃（后来的赵悼襄王）相见。两人都喜欢歌舞升平、吃喝玩乐，因而志同道合、相见恨晚，赵偃便立志要把此女接进宫中，便可每日相见。试想，一个王公贵子，想娶一个倡女，还是个寡妇，别说在礼教森严的封建社会，就是在思想开放的当代，这种事也算是离经叛道了。别说，赵偃真就这么干了。当时遭到了如李牧等许多重臣的反对，可是赵偃仍然一意孤行。其实在倡女入宫之前，赵偃已有妻儿。在赵偃继位后，一开始以嫡妻为王后，嫡子赵嘉为太子。怎奈倡女诡计多端，陷害太子赵嘉。然后赵悼襄王就废长立幼，改立倡女的儿子赵迁为太子，而倡女也如愿以偿地当上了王后，史称赵悼倡后。赵悼倡后的逆袭史，感觉像灰姑娘变成公主的童话，而实际上她却是那个恶毒的后妈。这只是她攻心算计的第一步。拥有权力以后，勾结奸臣、收受钱财、卖官敛财、陷害忠良甚至出卖国家机密……一步步将赵国推向万劫不复的深渊，从某种意义上说，是她加速了赵国的灭亡。

历史又一次惊人的相似，赵悼倡后仿佛商朝的苏妲己，红颜祸水！不知道是不是历史总希望把王朝的灭亡归结到女性身上，还是女性天生负有原罪，需要历史出来警醒！那么，作为一国之君的男人又该承担怎样的责任？不知道“娶妻娶贤”的道理吗？没听过黄帝之妻嫘祖种桑养蚕的故事吗？不晓得周朝三太母仪天下的典故吗？只能说皇家之事，没有家事，只有国事，只怪赵悼襄王生在帝王家！

另外，赵悼襄王是非不分，轻信奸臣。赵国后期最大的奸臣要数郭开。郭开何许人也？起初他乃赵偃伴读，由于善于溜须拍马，极受赵偃宠爱。也许赵偃不学无术也是郭开所教，总之，两人一丘之貉、沆瀣一气。后来，赵偃成为赵王，郭开自然成为宠臣。然而郭开心术不正，并没想着好好辅佐赵悼襄王，而是借机敛财，陷害忠良，后来竟然与赵悼倡后一道出卖国家，成为战国历史上最大的卖国贼。郭开作为地地道道的小人并不可怕，可怕的是他毫无底线。只因老将廉颇看不惯他的所作所为，在一次酒宴上直言不讳地训斥了他，从此他便对廉颇怀恨在心。在赵悼襄王刚即位之时，廉颇正率军进取魏国的繁阳，正在作战的他听到新君继位的消息，便停止进攻，等待新王的命令。然而郭开不失时机地陷害说：“廉颇已老，难胜其职，如今伐魏，久而无功，便是其证。”赵悼襄王听信谗言，派乐乘取代廉颇，并要夺取他的兵权。最后廉颇走投无路，只好投奔魏国。老将廉颇为赵国忠心耿耿打拼一辈子，最终落得一个无处安身的下场。事情过去了八年，即公元前236年，秦国又派大将王翦攻打赵国，赵悼襄王无人可用，又想起了老将廉颇，有意要请回廉颇委以重任。然而郭开心胸狭隘，还记得多年前的龃龉，便又陷害廉颇道：“廉颇老将已经快七十岁了，如今年老体衰，不知道能否征战，大王不如先派人去探望，如可用再召回也不迟。”赵悼襄王再一次听信谗言。郭开又从中作梗，贿赂使者。原本廉颇老将就等着这

邯郸廉颇雕像

天的到来，回国报效的赤子之心可见一斑，为了表示自己还可以重新披甲上阵，于是一顿饭吃了一斗米，十斤肉。然而使者回来禀告说：“廉颇老将军虽然已老，但是饭量还不错，不过一会儿就上了三次厕所。”言外之意，不可用。从此赵悼襄王打消了起用廉颇的念头，最终，一代名将客死他乡。这就是“廉颇老矣，尚能饭否”的典故，其间蕴含了多少辛酸与讽刺！纵观廉颇的一生，忠心耿耿，却又遭遇那么多的非议与不理解。好在群众的眼睛是雪亮的，世人至今记得老将军的英雄壮举与赤子之心，史书里有他的记载，文学影视作品里有他的身影。赵国古都邯郸人民至今也依然敬仰和怀念廉颇将军。后人在邯郸重修了廉颇墓（邯郸市邯山区北张庄镇西孙庄村），把这座墓所在的路命名为廉颇路，还修建了廉颇祠、立碑、雕像……用许多方式纪念廉颇。突然想起太史公司马迁的一句话：“人固有一死，或重于

廉颇庙

泰山，或轻于鸿毛。”郭开与廉颇，孰轻孰重？天知地知，你知我知，谁说这个世界没有好人与坏人之分，总归有所标准，就像歌中唱的：“天地之间有杆秤，那秤砣是老百姓！”

郭开干的坏事简直罄竹难书，他不仅陷害廉颇，还陷害李牧将军。李牧，赵国名将、军事家，是“战国四大名将”之一。战国时期将军那么多，能排名在前四之列，基本可以说是常胜将军。李牧用兵持重，善于分析战争局势，能够把握最佳时机迎战。早年李牧主要在赵国北部边境，抗击匈奴，取得了显赫军功：灭了襜褴，打败了东胡，收降了林胡，吓得单于逃跑。此后十多年，匈奴不敢接近赵国边境城镇。汉文帝刘恒曾评价说：“嗟乎！吾独不得廉颇、李牧时为吾将，吾岂忧匈奴哉！”可见李牧将军多么骁勇善战！他在赵国后期主要作战任务是抵御秦国，因在肥之战重创秦军，得到武安君的封号。赵国在赶走廉颇后，李牧成为赵国赖以支撑危局的唯一良将。然而堡垒都是从内部开始瓦解的。公元前230年左右，赵国连年发生灾荒，先是代地发生了罕见的大地震，天灾降临，人心惶惶。祸不单行，第二年又发生百年不遇的大旱灾，国内发生了严重的饥荒，再加之连年征战，使得民心浮动，百姓苦不堪言。当时流传一首儿歌：“赵人大哭，秦人大笑。如果不相信，请看田里长苗不长苗。”秦国一看天时已到，赵国气数已尽，于是趁虚而入，又派出名将王翦，带兵大举进攻赵国，赵国派李牧率兵迎敌。在正面战场上李牧数次大败秦军，王翦自知在战场上不是李牧的对手，于是实施离间计，用重金收买卖国贼郭开，诬陷李牧谋反。赵悼倡后因李牧当年反对她入宫，不顾国家安危，为了报一己私仇，也巴不得李牧被害。二人一拍即合，在赵王面前进献谗言，逼迫李牧自杀，战场上叱咤风云的一代名将就这样被“自己人”陷害了！后人不禁讽刺郭开乃战国最“骁勇”之人，战国四大名将被他“干掉”俩！此时的赵国，养尊处优的统治者，已经利令智昏到了如此地步。李牧的无辜被害，使赵国自毁长城，加速了灭亡的进程。唐代诗人李白追忆这段历史感慨道：“李牧今不在，边人饲豺虎。”英雄纷纷落幕，仿佛剧情已接近尾声。李牧死去的第二年，秦国再次派王翦攻打赵国，长驱直入，很快就包围了邯郸城。王翦便请来秦王嬴政御驾亲征，攻入赵国都城邯郸，赵幽缪王被迫献出地图投降。“最是仓皇辞庙日，教坊犹奏别离歌，垂泪对宫娥”，仿佛就是在描述赵幽缪王被生俘的情形。而为所欲为的赵悼倡后则被邯郸百姓活剐示众，同时她的家族也被邯郸百姓给灭了，可见百姓对其仇恨之深之厉！作为卖国贼的郭开机关算尽，也未得善终，直接被秦始皇“烹之”处理。可谓：“善恶到头终有报！”到此，作为战国七雄之一的赵国基本上算是灭亡了。后赵悼襄王的长子赵嘉率宗族旧臣逃往北部的代地（今河北蔚县东北），自立为代王，继续抗秦达六年之久，但是强弩之末，已无反击之力，最终在公元前222年被秦所灭，赵国正式退出了历史舞台。

赵国从公元前403年到公元前222年持续了181年，而邯郸作为赵国都城达158年之久，在此期间见证了赵国由弱到强、由兴转衰的历史进程；而历史也见证了邯郸城从小到大、从稚嫩到成熟的高光时刻。赵国虽然灭亡了，可邯郸城依旧在，邯郸百姓依旧在。虽然说赵国后期统治阶级腐败、秦国强势侵略，不顾百姓安危，但是在秦始皇兼并赵国、统一天下的过程中，邯郸城并未遭到屠城的危害和更为严重的破坏，这算是不幸中的万幸。国家大一统乃是历史前进的方向，任何个人只不过在历史进程中扮演着自己的角色，明争暗斗的背后却是历史发展的必然趋势！凡事分久必合，合久必分。中国历史已经持续了五百多年的分裂状态，好好一个华夏，四分五裂，硝烟不断，百姓不得安宁，统一乃人心所向矣！毕竟老百姓的要求非常简单，只是想过几天安生日子罢了。

秦军攻取邯郸之后，剥去邯郸都城的政治地位，统一实行郡县制，设置邯郸郡。秦王朝统一六国后，设置三十六郡，邯郸郡作为三十六分之一仍不失为一方重镇，毕竟作为曾经的国都，建设基础还在。但是，政治、经济、文化地位已大不如前了。许多贵族和巨商，甚至手工业者、艺术从业者……都前往了都城咸阳。《史记》中就记载，秦王朝下令“徙天下豪富于咸阳十二万户”。十二万户在当时人口基数中可不是一个小数目，这也算是中国历史上官方行为中，较大一次人口迁徙流动的政策了，这也是历史记载邯郸百姓第二次大迁徙了。

无论怎样，邯郸城恢复了往日的宁静，获得了短暂的安宁。可这种安宁又会持续多久？邯郸郡在历史的交汇之际，又将迎来怎样的命运？此时的邯郸，仿佛进入了历史高速旋转的轨道，根本停不下来，何去何从只能静听历史的安排。

昔日繁华不在，邯郸烽火长明

本以为国家统一就会天下太平了，可是崇尚法家的秦朝变本加厉地实施苛政，民怨沸腾，二世则亡。中国历史又进入了短暂的军阀混战时期，邯郸郡作为兵家必争之地，又轮回到历史漩涡当中。见证了一批批陌生人来了又走了，城被毁了又重建了……反复的折腾。

学过历史的都知道秦二世时，陈涉（胜）、吴广在大泽乡发动农民起义，吹响了推翻秦王朝的号角。取得一定的胜利后，陈涉自信心爆棚，迅速称王，并大有夺取天下之意。这时候有两个人投奔了陈涉，一个叫张耳，一个叫陈余。这两个人可能在历史上不是特别有名，但是司马迁在史记中专门为他们列传。据《史记·张耳陈余列传》中记载，陈余曾向陈涉建议：“臣尝游赵，知其豪杰及地形，愿请奇兵北略赵也。”陈涉于是同意说：“以故所善陈人武臣为将军，邵骚为护军，以张耳、陈余为左右校尉，予卒三千人，北略赵地。”从这样一段记载中，可以得到怎样的信息？陈余向陈涉献的计被采纳了，可是陈涉并不信任他，他和张耳没有被重用，一支三千人的军队，竟然只封了他们为校尉。此时，陈余、张耳的心里肯定不服。于是，当这支军队进展非常顺利的时候（部队发展万余人，占领邯郸及赵地三十余城），便挑唆将领武臣在邯郸独立称王，史称武臣割据邯郸。这时候的邯郸，一举成为一方反秦武装的政治和军事中心。然而好景不长，武臣手下武将李良反叛，在邯郸作乱，袭杀了武臣，占领了邯郸。张耳、陈余逃脱后，重整旗鼓，为了出师有名，遂立赵国后裔赵歇为新赵王，又夺回邯郸，重建赵国政权，此时邯郸又一次属于赵氏一族。然而，邯郸城昔日的繁华已不复存在，在战火中遭到了严重的破坏，赵歇只能“居信阳”。虽然赵歇没有居住在邯郸，但是他把秦军又引到了邯郸一带。史书记载：“章邯引兵至邯郸，皆徙其民河内，夷其城廓。”秦将章邯将邯郸百姓全部撵走了，迁徙到了河内，将邯郸城彻底平毁了，自春秋战国以来繁荣兴盛了几百年的名都毁于一旦！这是邯郸历史上第一次遭受毁灭式的破坏，城内再无歌舞升平，甚至听不到百姓的哀嚎，这里几乎变成了空无人烟的废墟……

能够想象当时失去家园的邯郸百姓会多么痛惜，但那些贪婪的历史投机者绝不会流下一滴眼泪。巨鹿之战、项羽和刘邦粉墨登场、秦朝灭亡、张耳和陈余矛盾暴露、楚汉之争……任凭他们折腾，直接公布结果：公元前204年，刘邦集团斩杀陈余、赵歇，赵地从此属汉。公元前202年，项羽兵败，乌江自刎，刘邦集团基本统一全国，正式建立了汉王朝。同时，赵、燕、梁等故地正式封置赵国、燕国、梁国等藩国。作为投降刘邦的张耳，如愿以偿地受封为赵国王，以邯郸为都。西汉时期的赵国有别于战国时期的赵国，因为它并不是独立的国家，而是西汉政权的一个藩属封国。尽管如此，邯郸又一次获得了新生，没有被历史所抛弃。邯郸就像那生命力极强的野草，“野火烧不尽，春风吹又生”，将以崭新的姿态再一次展现在世人面前。

西汉时期的邯郸，终于迎来了相对稳定和平的发展。虽然政治局势依然动荡，西汉初年统治阶级内部争斗也非常疯狂，但是只要没有大规模的战争，百姓就可以组织生产，建设家园。邯郸城也在慢慢疗愈创伤，逐渐恢复记忆中的繁华。

西汉初年，邯郸政治局势非常动荡，赵王的位置也不是好坐的，几经易主。先是张耳为王，可正式上任半年，就一命呜呼了。于是传位给儿子张敖，刘邦挺重视他，把自己的女儿鲁元公主许配给了他。有一次刘邦途经邯郸，张敖作为女婿，对皇帝老丈人毕恭毕敬。然而刘邦性情放旷，不拘小节，对张敖十分疏慢。张敖也没放在心上，可能这就是人家家人的相处模式。可是张敖的两个相国贯高和赵午看不惯了，咸吃萝卜淡操心，非要暗暗计划清算刘邦。第二年，刘邦再次过赵地，这两个人预计着刘邦会下榻到赵国属县柏人，于是想在此刺杀刘邦。可刘邦一听说要下榻到“柏人”，认为“因柏人者，迫于人也”，地名不吉利，不能住在这里，于是逃过一劫。这说明刘邦真是福大命大之人，真龙天子也！再说贯高和赵午这两个糊涂蛋，事情不仅没有搞成，反而谋反之事还败露了。于是池鱼之殃，张敖因此被贬，赵王被废。张氏赵国也就持续了三四年光景。然后刘邦封爱妃戚夫人之子刘如意为赵王，此时赵国疆域为所有藩国中管辖郡数最多的。好景不长，刘邦死后，刘如意便被吕后召回京城毒死。然后又封刘邦之子刘友为赵王，吕后将吕氏女嫁与刘友。包办婚姻，刘友不爱，于是赵王刘友被吕后活活饿死。她又封刘邦之子刘恢为赵王，故技重演，吕后又包办婚姻，将吕氏女嫁给刘恢。刘恢更血性，宁死不从，自杀了。这一段在历史中有记载：“太后以吕产女为赵王后，王后从官皆诸吕，擅权，微伺赵王，赵王不得自恣。王有所爱姬，王后使人鸩杀之。王乃为歌诗四章，令乐人歌之。王悲，六月即自杀。”吓人吧？堂堂汉高祖刘邦的儿子说死就死了，甚至连自己想娶谁做老婆的权利都没有，这就是封建社会的王权！刘恢死后，这赵王又该由谁来当？吕后想到了刘邦另一个儿子代王刘恒（后来的汉文帝），刘恒一见自己的几个兄弟做了赵王的下场，哪敢受命，赶紧表忠心。《史记》中有详细的记载：“秋，太后使告代王，欲徙王赵。代王谢，愿守代边。”刘家人不想当赵王，那该轮到吕家了。于是吕后任命自己的侄子吕禄为赵王，这段时期的赵国史称吕氏赵国。可吕禄忘了赵王不好当，第二年姑母吕后病死了，吕禄立即遭到了清算，赵国又回到了刘家的手里。至此，西汉王朝政权得到了平稳的过渡，邯郸也由此进入了近二百年的稳定发展期。

说起汉文帝刘恒，虽然并未领命来邯郸当赵王，可汉文帝与邯郸却有着不解之缘。汉文帝的宠妃慎夫人乃邯郸人，慎夫人有美色，能歌舞，擅鼓瑟。史书记载，一次汉文帝刘恒行至霸陵，指着新丰道对慎夫人说：“此走邯郸道也。”意思说这是往邯郸走的道路啊，从这里走去，就可以到达慎夫人的家乡了。慎夫人听了，顿起思乡之情。于是夫人鼓瑟，汉文帝便和瑟引吭高歌，凄婉哀恻。也许这就是传说中夫妻之间琴瑟和鸣的状态，也印证了二人感情至深。同时也说明了邯郸自古出美女，从秦始皇母亲赵姬到逆袭的赵悼倡后，再到汉文帝的宠妃慎夫人，且不论各自的人品如何，单从相貌上分析，都是绝世美女，能歌善舞。再从各自地位上分析，都当上了王后、王妃。也许正是因为这些原因，留给了历史学家们一些刻板印象。《史记》和《汉书》中概括说西汉及之前赵俗女子善奏琴瑟，善跕脚尖舞步，游媚贵族，入诸侯后宫为妃构成了自身特点。翻译成现代语言就是形容邯郸女子貌美多才，但在婚姻上攀权附贵，价值观上唯利是图。就这一点上，我觉得需要打问号斟酌斟酌。任何的结论都是通过个别归纳出来的普遍现象，而“归纳”这种方法本身不具有科学性和准确性。毕竟王公贵族就那么多，不可能所有邯郸女子都入宫为妃吧？偌大的邯郸城，一代代繁衍生息，不是出几个王后就可以说明问题的。史学家有时候也只不过从统治阶级的视角看问题罢了。

说起邯郸的人口，当西汉政权逐渐稳定之后，特别在西汉前期出现“文景之治”这样盛世的社会背景下，邯郸的人口得到迅速的增加。因为邯郸的城市经济得到了较快的恢复与发展，逐渐成为北方地区商业兴旺、经济发达的大都会，发展到西汉后期，已经成为除都城长安外的五都之一。五都分别指洛阳、邯郸、临淄、宛、成都。当时就流传邯郸等城“富冠海内，皆为天下名都”。那么，那时候的邯郸具体有多少人口呢？据《汉书·地理志》记载，汉平帝元始二年（公元2年）赵国辖有邯郸、易阳、柏人、襄国四县，总计84 202户，总人口数349 952人。考虑到邯郸作为赵国的都城，人口数量一定是高于其他三个县的，所以邯郸城当时至少十几万人口。并且邯郸作为全国性的大都会，往来经商、从业、公差的流动人口数量一定也非常多，如果都统计在内，人口数量甚至更多。

人口与城市的发展总是存在正向促进的关系，邯郸城在西汉时期的迅速恢复，人口剧增，也促进了许多产业的发展。比如说有记载的冶铁业，很多史书中都有记载“赵国以冶铸为业”。这一说法在新中国成立后的考古发现中也得到了印证，先后在今邯郸市体育场、市中心医院、和平路以南一带发现炼铁炉址二十余处，而且还出土了大量的汉代铁制工具等文物。这些都可以证明汉代邯郸的冶铁业具有相当的生产规模。另外，铸铜业和制陶业也是当时发展规模较大的产业，这些结论都已经经过考古专业的印证，在此不再赘述。试想，在以土地经济为主的封建社会，邯郸能够有如此发达的工业和手工业，说明西汉时期的邯郸已经走在了社会发展的前沿。

“国泰民安，繁荣昌盛”是百姓永恒的期盼，然而时间到了公元5年，合久必分的魔咒又将开启。外戚王莽篡夺汉朝政权建立新朝，史称王莽篡汉。这件事如果放在别的朝代可能反响不一定很大，但是对于采取“罢黜百家，独尊儒术”的西汉后期，封建士大夫思想上的“仁义礼智信”和“君臣观念”根深蒂固，绝对接受不了王莽这种倒反天罡的行为。外加王莽进行一系列改革，触及大地主、商人的利益，加剧了统治阶级的内部矛盾。公元17年，全国发生蝗灾、旱灾，饥荒四起。百姓煮草根代粮充饥无效之后，饥民暴乱，赤眉、绿林军相继揭竿而起，中国社会又进入混乱状态。很快在公元23年，王莽新朝被推翻。那么此时作为五都之一的邯郸城都发生了哪些事情呢？

邯郸发生了历史上非常戏剧性的一幕。当时有个人叫王郎，邯郸人，本是一个算命先生，他看见社会动荡，“常以为河北有天子气”，便认为机会来了。于是，他自编自演一场戏，谎称自己是汉成帝散落民间的儿子，叫刘子舆。有人敢编，还真有人敢信。于是竟然在一群人的拥护下立王郎为皇帝了！接下来“百姓多信之”，“于是赵国以北，辽东以西，皆从风而靡”。（《后汉书》）王郎政权的势力迅速膨胀。可王郎自己也没想到，他竟然并不是这部戏的男主角，真正的主角是刘秀。刘秀是汉高祖九世孙，此时官职为破虏将军行大司马，名正言顺地讨伐王郎。双方经过多次激战，最终在半年后刘秀与谢躬共同攻破邯郸城，王郎被斩，这就是发生在西汉末年的邯郸战乱。邯郸城再一次遭到了严重的破坏。刘秀作为一代帝王，英明一世，但是早年就邯郸战乱后的表现不免失去理智，也许是为了发泄对王郎的仇恨，也许当时将士杀红了眼局面已无法控制……据《后汉书·任光传》记载：“因攻城邑，遂屠邯郸。”《后汉书·吴汉传》也记载：“更始遣尚书令谢躬率六将军攻王郎，不能下。会光武至，共定邯郸。而躬裨将掳掠，不相承禀。”这两条史料记载足可以说明，刘秀和谢躬二人在攻克邯郸城后进行了大规模的屠杀和洗劫，使西汉时期的名都毁于一旦。邯郸城的衰落由此开始。

刘秀虽然对邯郸城进行了毁灭式的打击。但是他作为后来的光武大帝，在邯郸城曾留下了两幅让后人无限遐想的意象。

一幅是非常具有帝王气度的画面，后引申为成语“反侧自安”。据说刘秀在追斩王郎、夺取邯郸城之后，整理各类文书时发现其中有上千封书信，都是刘秀的许多下属与王郎交往密切的文书，刘秀看也不看，就叫人把这些文书给烧了，还说：“令反侧子自安。”刘秀不愧为东汉的开国皇帝，具有如此高的情商，收买人心的背后体现的是一代帝王的宽宏大量和领导智慧！估计后来三国时期曹操官渡之战的烧信之举也许就是跟光武帝刘秀学的。

另一幅是刘秀丛台置酒定天下的画面。刘秀和谢躬共同夺取邯郸，但之后“二人同城而居，各自为政”，这使刘秀如鲠在喉。刘秀想收服谢躬为己所用，但被谢躬严词拒绝了。然后刘秀有意杀掉谢躬，但由于对方防守严密，又看见振威将军马武坐在谢躬的旁边，他没敢轻易动手。于是刘秀又想到“叼买人心”的计谋。一天，刘秀单独邀请马武登上丛台，摆下酒宴，并与马武不断地叙旧情，并把自己最精锐的骑兵让马武统领，让马武很是感激，从此心归刘秀。几个月后，刘秀设计在邺城杀死了谢躬。谢躬被杀后，马武便骑快马投奔了刘秀。马武归顺后，

《刘秀丛台置酒》大型油画作品（存于丛台酒业博物馆）

刘秀如虎添翼。在此后的征战中，马武随刘秀南征北战、平定四方，立下了赫赫战功，成为刘秀一统天下、复兴汉室的云台二十八将之一。光武大帝在邯郸“丛台置酒”，向后人讲述着人才的重要性。

刘秀置酒丛台，是汉朝留给邯郸最后的高光时刻，从此邯郸在东汉统治的195年里黯然失色。虽然东汉王朝继续以邯郸为都设置赵国，但是除了经济上拥有特权，坐食租税外，政治地位一落千丈，只是一个普通的藩属封国而已。

曹操的第二故乡

邯郸城经过东汉王朝长达一百多年的消耗，到了东汉末年早已荣光不在。人们已经忘却战国时期这里曾经是赵国的政治、学术中心、也忘却了前朝西汉时期这里作为陪都的政治、经济地位。东汉末年，战乱四起，军阀割据。对于东汉末年政治格局的变化，在四大名著之一的《三国演义》中介绍的再详细不过。就像此书开篇写的一样，“凡天下大事分久必合，合久必分”。东汉末年又处于“合久必分”的历史交汇期。每一次历史交汇都仿佛是一次彻底的新陈代谢，更新的不仅仅是政权。宏观上有的时候更新的是社会制度，微观上总会关系到当时个人的历史命运。当然，这也是投机者最好的时代，俗话说“乱世出枭雄”。那么，在这片土地上，又将涌现出哪些“枭雄”？他们又将与这片土地抒写怎样的动人故事？又将留给这片土地的后人怎样的思考？

随着东汉末年战乱的兴起，邯郸城先是处于袁绍割据北方的势力范围，东汉建安九年（公元204年），曹操在历史上著名的以少胜多的官渡之战中击败了袁绍，然后乘胜追击，夺取了冀州。随后，又利用袁绍集团的内部矛盾，直捣袁氏集团大本营——邺城。曹操还亲率大军进攻堪称袁氏集团生命线的“上党粮道”之武安毛城，遂又占领邯郸。从此，邯郸就被曹操集团所控制。曹操占领河北之后，又北征乌桓，一举歼灭袁绍势力集团，基本统一了北方，为三分天下奠定了坚实的基础。

曹操作为三国时期杰出的军事家，他的雄才大略在《三国演义》及《三国志》等作品中都体现得淋漓尽致。可我们要探讨的是：曹操当时占领袁绍集团那么多城池，为什么会选择从许昌迁都邺城？其实，冀州、邯郸、武安、邺城……这些城池距离都不算远，都属于今河北境内，特别是武安和邺城隶属于今邯郸市行政区划，武安市为邯郸市管辖县级市；邺城为邯郸市管辖临漳县，今邯郸市区到武安与临漳（邺城）的距离大致都为40千米左右，开车不到一个小时即可到达。冀州稍远一些，今冀州区隶属于衡水市。曹操不选择冀州，因为冀州在地理位置上偏北，距离曹操大本营许昌较远，且不利于曹操掌控中原，挥师南下。那么，邯郸、武安和邺城，为什么最终会选择邺城？邯郸城虽然历史悠久，但东汉末年已经萧条颓败；而武安位置与建设基础都不及邯郸及邺城。邺城也具有悠久的历史，始建于春秋齐桓公时期，战国时期归魏国所有，西门豹治邺的故事可谓是家喻户晓，他大修水利，主持修建引漳十二渠，引漳水灌溉邺城良田，发展农业，城市也得到迅速发展。漳河到三国时期仍然为北方重要水系，无论军事防御、生活交通饮水、漕运都十分方便，这里曾是袁绍集团的政治中心，基础设施建设要比当时的邯郸具有优势，选择邺城绝对是曹操打造属于自己的政治中心的不二之选。离开许都，与汉献帝保持不近不远的距离，既可以随时掌控许都的

邯郸境内的漳河水系

情况，也可以大胆地在邺城培养自己的政治势力。另外，曹操在邺城建都可以牢牢巩固对北方的统治。

由于曹操选择邺城建都，使得曹魏时期的古邯郸城已经降级为普通的县城，地位还不及东汉时期的郡级。从此直到清末，邯郸隶属无定，其普通县城的地位从未改变。

事实证明，曹操的选择是正确的，在邺城他不仅达到了自己的战略目的，得到了北方，并且在他死后，他的儿子曹丕称帝，立国号为大魏，史称曹魏，在公元220年正式结束了东汉王朝。可以说，是曹操成就了邺城，使之成为北方新的政治、经济、文化中心，更让邺城有机会登上中国历史帝都的舞台，此后在公元3世纪至6世纪魏晋南北朝近四百年里，先后作为曹魏、后赵、冉魏、前燕、东魏、北齐六朝都城。被后人看作是南京城“镜像”的六朝古都。可见曹操为邺城带来了多么巨大的历史名人效应。当然，邺城也成就了曹操，让曹操在此实现了自己的理想抱负和人生价值。曹操经营邺城虽然主观上是为了军事、政治的目的做打算，但是客观上却在诸多领域做出了很多杰出的贡献，被后世所称赞，比如水利贡献、城市规划贡献、文化建设贡献……关于他的事业、他的家庭、他的朋友，这座古城充斥着他们的传奇故事！提起曹操，总会让人想起学生时代的历史填空题：“曹操是三国时期著名的政治家、军事家、文学家。”事实上，曹操在政治、军事、文学方面的表现也的确出类拔萃，可是仅限于此吗？走进今日邯郸市临漳县，走进古都邺城，让我们来了解“不一样”的曹操。

曹操是中国大运河的鼻祖。这是后人对曹操的评价，也许当年曹公本人都没有认识到自己这样的身份。当年，曹操打败袁绍，占领邺城，但刚开始并未站稳脚跟，势力雄厚的袁氏集团北逃乌桓，随时都有反攻的可能。所以，曹操必须北征乌桓，才可统一北方，甚至一统天下。而当时长途作战，运送物资极不便利，为了提高效率，曹操先后开凿白沟、利漕渠、平虏渠、泉州渠和新河五条人工漕运河渠，把华北大平原上的滹沱河、漳水、古易水、潞水等水系相互贯通，成为他统一北方的漕运利器。《三国志·武帝纪》中记载：“公将征之，凿渠，自呼沱入泒水，名平虏渠。又从沟河口凿，入潞河，名泉州渠，以通海。”平虏、泉州两渠沟通了海河南系，粮草充足，使得曹操在军事上迅速取得

主动权，建安十二年（公元207年）九月曹操就大破乌桓，取得北征之战的全胜。

其实一直以来，曹操给中国人留下的印象感觉总是不真实，总觉得他仿佛就是文学作品中的人物。但现实中的曹操绝对不是文学作品中描述那样，是阴险狡诈的代名词，他必定有超常的智慧与领导力。如此庞大的大运河工程，他也仅仅用了两年多的时间，就打造成为后世北方运河的基本雏形，为隋唐大运河的开凿奠定了坚实的基础，这都足以证明了曹操开凿大运河的科学性和工程的系统性。文学作品中常常形容曹孟德“挟天子以令诸侯”，那么，世人是否看到了曹公“挟天子”“令诸侯”的资本呢？虽然，曹操开凿的大运河属于战争的产物，其主要动机也是战争的需要。但是，大运河就像当今的高速公路一样，大大加速了交通运输的效率，建立了各地之间商贸往来。除此，曹魏大修水利工程，发挥水利农业灌溉作用，又使农业得到了发展，经济得以恢复，北方社会暂时得到了稳定。不要小看了这暂时的社会稳定，对于老百姓而言来之不易，早在公元189年曹操就在《蒿里行》中说道“白骨露于野，千里无鸡鸣”，战乱已经使人们无法生存。作为一代枭雄的曹操，当看到百姓流离失所，民不聊生，内心百感交集，在诗中又写道“生民百遗一，念之断人肠”。所以曹操得势以后，为有效地解决粮食问题，恢复农业生产，采纳枣祗等人的建议，推行屯田制度。虽然屯田制度在西汉时期就有，但在曹魏时期加以完善，形成了一套完整的制度体系。《三国志·武帝纪》记载建安元年（公元196年）：“是岁，用枣祗、

韩浩等议，始兴屯田。”他并持续地修建陂塘等水利工程，扩大了屯田规模，使得农业生产得以恢复与发展，“数年中所在积粟，仓廪皆满”。使这一地区“农官兵田，鸡犬之声，阡陌相属”，为曹魏政权的建立和巩固奠定了坚实的物质基础，也实现了曹操“强兵足食”“克平天下”的夙愿。曹操的这一做法，更保证了老百姓的粮食安全。试问，这样的曹操世人都了解吗？

曹操是中国城市规划大师。曹操决定迁都邺城以后，并没有盲目地进行宫殿建设，而是首先进行了科学的规划和设计。具体做法有：一、规划城市功能分区，继承了古代城与廓、宫城与外城的区分；二、将中轴线对称布局的概念，从工程建筑群扩展到整个城市规划中；三、里坊划分统一，比秦汉时期更加完善；四、集中设市，独立于手工业作坊；五、宫殿部分建筑严整，前为朝廷，后为起居用房，城内的园囿与防御功能结合；六、打造城市标志性建筑，成为当时举世瞩目的亮点工程。即修建冰井台、铜雀台、金虎台（后赵时期因避建武帝石虎讳而改为金凤台）三座高台。传说，铜雀台高十丈，气势雄伟，且三台均设有房屋一百余间。三台相距各六十步，上有阁道式浮桥相通，“施则三台相通，废则中央悬绝”，巍峨耸峙，蔚为壮观。

《水经注·卷十·浊漳水、清漳水》原文对曹魏邺城描述：“城有七门：南曰凤阳门，中曰中阳门，次曰广阳门，东曰建春门，北曰广德门，次曰厩门，西曰金明门，一曰白门。凤阳门三台洞开，高三十五丈，石氏作层观架其上，置铜凤，头高一丈六尺。东城上，石氏立东明观，观上加金博山，谓之‘锵天’。北城上有齐斗楼，超出群榭，孤高特立。其城东西七里，南北五里，饰表以砖。百步一楼，凡诸宫殿、门台、隅雉，皆加观榭。层甍反宇，飞檐拂云，图以丹青，色以轻素。当其全盛之时，去邺六七十里，远望苕亭，巍若仙居。”可见邺城当时是

曹操雕像

铜雀三台遗址公园

铜雀三台遗址俯瞰

具有很高的审美价值的。今世评价曹魏时期邺城规划布局最大的特点：中轴对称，功能分区明确（衙署与民居分建），结构严谨，戚里规整，道路分级明确，呈棋盘格状。这种布局方式承前启后，影响深远甚至远及海外，据说日本的奈良（平城京）也是效仿邺城格局而建。邺城首次将中轴线对称布局的方式由宫城建筑群扩展到整个城市，这种手法开创了中国古代城市规划布局艺术性的先河，对后来城市建设有重要的指导意义，成为城建史上的佳话。特别是铜雀三台对建筑环境氛围的营造，为建安时期的政治、文学、艺术等的发展提供有力的保障，为后续“建安风骨”和“魏晋风度”的形成提供了精神家园。

曹操是低碳生活倡导者。如果说曹操在事业上的成就算是大手笔，那么生活中的曹操也有小情怀。这就要从曹操的优秀品格说起。曹操一生非常节俭清廉。有人会说，曹操出身官宦世家，且后来平步青云，位居万人之上。如果按阶级来分，绝对是大地主阶级；如果按阶层来分，绝对是上层社会的顶流。这样一个人，怎么会节俭，一定是做做样子罢了！那么，且看一看曹公是如何低碳生活的，让今日“物质极其丰富”“奢侈浪费”的我们为之汗颜！

邯郸广为流传一个成语故事为“分香卖履”，亦叫“铜雀分香”，讲的就是曹操临终之前，对妻子儿女的眷恋。又担心自己死后，妻女们的生活不能得到保障，于是他在《遗令》中写道：“吾婢妾与伎人皆勤苦，使著铜雀台，善待之。”什么意思？就是担心曾经在他身边的女人们不能得到很好的善待，说明他们都很勤苦，希望在他百年之后能够将这些女人们安置在铜雀台。很明显这是交代后事。后又写道：“余香可分与诸夫人，不命祭。诸舍中无所为，可学作组履卖也。”曹操临终还不忘嘱托，把祭拜他剩下来的香分给诸夫人。并建议大家如果无事可做，可以学着制做带子、鞋子拿出去卖，以便自给自足。我每每听这个故事都会很感动，此刻的曹操就是一个十足的暖男，临终前惦记着每一位曾与他相伴的女性，还不忘鼓励她们发展爱好、自食其力。就这一行为，他就要甩出刘邦几条街，刘邦稍遇危险就把老婆孩子踹下车。曹操的真性情不仅体现在“老骥伏枥，志在千里；烈士暮年，壮心不已”的诗行里，更体现在与人相处的生活中。当然，故事中不仅体现曹操的儿女情长，更体现出曹操提倡节俭、倡导勤劳的优秀品质。

曹操不仅仅要求别人节俭，他自己生前也非常节俭。在曹操的《内诫令》里，有这么一条：“孤不好鲜饰严具。”大意是我不喜欢装饰华丽显眼的用具。例如行李箱，就用竹子为原料，用粗布缝里子，“以帛衣粗布做里”。曹操就是拎着这样简陋的皮箱上前线的，而且这是他的常态，“此孤之平常所用也”。至于吃的，家里用餐也不过“一肉”，就是一道肉菜。甚至地位极高的曹夫人卞氏请弟弟一家吃饭，连鱼和肉都没有，低调得很。

曹操还经常鼓励绿色出行。他的《鼓吹令》就提道，手下的乐团都是走路上班的，没有马骑，而且还精简人员，目的就在于“为战士爱马，为战士爱粮”，节省出来一切供应前线。

节俭是中华民族的美德，曹操作为三国时期大地主、大军阀的代表，能够身体力行地践行节俭，为后世起到很好的表率作用。三国时期的诸葛亮也曾在《诫子书》中说道：“静以修身，俭以养德。”的确，三国时期名士云集，可见个人作为与个人修养一定是相辅相成的。也许这就是中华文化中“修身、齐家、治国、平天下”的境界，看似四个层次与维度，其实说的就是一回事。

此时，通过邯郸市临漳县（古都邺城）的历史故事，是否对曹操了解更多一点呢？通过曹操的历史故事，是否对邯郸市临漳县（古都邺城）想了解更多一点呢？邺城与曹操的相互成就，说明地理和人文本来就是分不开的，就像曹操在《度关山》诗中开篇所说：“天地间，人为贵。”再好的位置也需要人来经营，再好的风景也需要人来欣赏，再好的亭台也需要人来捧场……且看铜雀三台如何演绎“建安风骨”！

近距离感受建安风骨（一）

曹魏时期，邺城由于其地理位置优势，成为曹操政治集团大本营。曹操通过科学的规划，对邺城进行了系统的建设，为后人不仅打造了历史名城，更留下了许多佳话和宝贵的精神财富。当时邺城由于受到曹魏军事集团的庇护，被建设为相对稳定的政治中心，获得了相对太平的生存环境。许多文人饱经战乱之苦后，选择投奔邺城，归附到曹氏周围，逐渐形成了邺城的文化群体，邺城迅速成为文化中心。

战乱时期的文化人，并不是我们刻板印象中“百无一用是书生”的气质。而是可以战时随军、归来习文的全才，甚至很多人都可以达到“武能上马安天下，文能提笔定乾坤”的程度。历史上我们可以想到这样优秀的人物也不胜枚举，曹家父子无疑是那个时代最强悍的文化人。曹操的很多诗歌都是在行军打仗的途中所作。例如建安十二年（公元207年），曹操北征乌桓，得胜而归，经过碣石山（今河北昌黎县城北），看见眼前大海的雄伟壮丽，有感而发，写下了千古名篇《观沧海》，此篇被后人誉为气势最为磅礴的诗；

步出夏门行·观沧海

东临碣石，以观沧海。
水何澹澹，山岛竦峙。
树木丛生，百草丰茂。
秋风萧瑟，洪波涌起。
日月之行，若出其中；
星汉灿烂，若出其里。
幸甚至哉，歌以咏志。

建安十三年（公元208年）末，曹操亲率八十三万大军，直达长江北岸，准备渡江决战（赤壁之战前）。在一日大宴群臣之时，酒过三巡，菜过五味，曹操又有感而发，作千古名篇《短歌行》，此篇被后人誉为最求贤若渴的诗。

短歌行

对酒当歌，人生几何！
譬如朝露，去日苦多。
慨当以慷，忧思难忘。
何以解忧？唯有杜康。
青青子衿，悠悠我心。
但为君故，沉吟至今。
呦呦鹿鸣，食野之苹。
我有嘉宾，鼓瑟吹笙。
明明如月，何时可掇？
忧从中来，不可断绝。

越陌度阡，枉用相存。
契阔谈讌，心念旧恩。
月明星稀，乌鹊南飞。
绕树三匝，何枝可依？
山不厌高，海不厌深。
周公吐哺，天下归心。

当然，曹操还有很多作品都是在行军时所做，大多时候是有感而发，即兴创作，所以从他的作品中，可以感受到直抒情怀、一吐为快、畅快淋漓的洒脱，语言通俗，气魄雄伟，志向高远，却不矫揉造作。历史上有很多帝王将相都是文化人，但曹操绝对能算得上造诣较深的一位。曹操不仅独善其身，他还引领了一个时代的文化修养，影响了一个时代的文学走向。这个时期诗歌大多情感基调慷慨悲凉，语言简练刚健，自然明白而流畅，因此被后人称为“建安风骨”。建安文学的主要代表人物除曹氏父子外，还有“建安七子”，即孔融、陈琳、王粲、徐干、阮瑀、应玚、刘桢，另外还有一位中国历史上才貌双全的奇女子——蔡文姬。这些有思想的人均在同一时期出现，又相遇在同一空间，是时事造人的必然，也有机缘巧合的偶然。总之，他们是一个时代文化群体的缩影，他们有共同的文化气质，却也有各不相同的文化内涵和个人宿命，且看他们如何在邺城上演自己的人生大戏。

毋庸置疑的是，曹操作为政治集团的核心人物，自然也是文化圈内的主角。曹操从小由于家境殷实，受过很好的教育。但是少年时候的他任性好侠，放荡不羁，不修品行，不太研究学业。反而成年以后，他开始走上了自我成长的道路。由于天生聪敏，且悟性极高，所以后来的曹操在文学上的造诣有目共睹。他不但善于写诗，散文亦清峻整洁，开启

建安風骨
千古唱雄風看魏武揮鞭會孟津戰官渡鏖赤壁徵烏桓
都定中原歌不盡銅雀春深烈士壯心
駕出北廓誰寫得黎陽雷殿箕豆絕章
萬載銘詩壇有建安七子咏七哀抒歎馬贈從弟寄室思

建安七子雕像

了建安文学的新篇章，并为建安文学定下了整体基调。鲁迅后来评价曹操，说他是“改造文章的祖师”。曹操个性开朗，乐观豁达，喜欢热闹，特别是建都邺城以后，身边更是人才济济，宾朋满座。所以曹操很多作品是在聚会或者众人饮酒时即兴而作。这时候就不得不提文人聚会的场所——铜雀台，没有来过古邺城的人们认识铜雀台，估计大多数都是从杜牧《赤壁》那句“东风不与周郎便，铜雀春深锁二乔”中了解的。那为什么叫铜雀台呢？据说曹操消灭袁氏集团以后，在邺城做了一个梦，梦见半夜见到金光由地而起，隔日掘之得铜雀一只。第二天，曹操欲解梦，荀攸就说：“这是吉兆呀，传说从前舜的母亲梦见玉雀入怀，然后生了舜，今得铜雀，亦吉祥之兆也！”曹操一听，特别高兴，于是决意将标志性建筑命名为铜雀台。历史就是这么偶然，流传近两千年的铜雀台的名字竟然来自一个梦！事实上，铜雀台的建筑起到了很多正向的作用，不仅战时可用于军事防御，在平时为邺下文化集团的文化交流和写作也提供了场地空间，这就好比战国时期的稷下学宫，许多思想家、文人汇聚于此，碰撞出思想的火花，照亮那个黑暗战乱年代的夜空，发出微弱而美丽的光芒。曹操自身是文学爱好者，因为他自身有才，且又爱才、求才，所以作为邺城的最高统治者，愿意亲自主持这样的学术交流活动，这也大大鼓励和支持了当时思想和文学的发展，可以说他凭借一己之力托起了建安时期文学领域的半边天。

想象一下，夜幕降临，完成了一日的军事训练或者繁杂公务，一群有共同文学爱好的知识分子开始相聚在铜雀台，即将开启今日的思想交流和精神享乐，这是一种多么高级的人类群体活动。铜雀台欢宴时赋诗是他们常玩的游戏，如建安七子中大量的公宴诗；命题创作，始自铜雀台新成时“太祖悉将诸子登台，使各为赋”，后成为习惯；同一题目大家同时写作，如《柳赋》即曹丕、王粲等同时所作；还有文学家之间赠答、品评活动，如大量的赠诗及曹丕的《与吴质书》《典论》等中国最早的文学评论集；还有即兴创作和表演，例如曹操的《步出夏门行》，王粲的《初征》，曹丕的《典论》，曹植的《洛神赋》《登台赋》，蔡文姬的《悲愤诗》《胡笳十八拍》等，至今都仍深受世人的喜爱。这些作品大都是在邺城铜雀台所作。这种有组织的文学活动极大地促进了当时的文学繁荣和发展，并为后世的文学活动和学术交流提供了范例。

对于铜雀台的记忆，最具美学价值的一幕应该需要重点记忆。一位绝世才女，精通文学与音律，饱受战乱之苦，仍能坚强面对这个世界，并用自己的学识和才气诉说着自身的价值。铜雀台欢迎她回归故里的晚宴上，她用自己的灵魂演奏出一曲传世佳作《胡笳十八拍》，是在诉说她自己的故事，也是在诉说那个时代女性的故事。感动了多少热血男儿！她就是让人敬佩的才女蔡文姬。如果说“文姬归汉”是一位女性自我选择与救赎的决绝之美，那么铜雀台演奏《胡笳十八拍》则是一位女性寻找自我、获取新生，勇敢面对新生活的独立之美。在阔别故土多年，重新穿上汉服，端坐在舞台中央，深情演奏的一瞬即是她重生的开始。文姬归汉后确实也实现了自己的人生价值，不仅有独创的文学、音乐作品，还凭借着对父亲学识的传承修著了历史典籍，作为女性代表为建安文学留下了浓重的一笔。

蔡文姬生平简介（选自《后汉书·列女传》）：陈留董祀妻者，同郡蔡邕之女也，名琰，字文姬。博学有才辩，又妙于音律。适河东卫仲道。夫亡无子，归宁于家。兴平中，天下丧乱，文姬为胡骑所获，没于南匈奴左贤王，在胡中十二年，生二子。曹操素与邕善，痛其无嗣，乃遣使者以金璧赎之，而重嫁于董祀。

祀为屯田都尉，犯法当死，文姬诣曹操请之。时公卿名士及远方使驿坐者满堂，操谓宾客曰："蔡伯喈女在外，今为诸君见之。"及文姬进，蓬首徒行，叩头请罪，音词清辩，旨甚酸哀，众皆为改容。操曰："诚实相矜，然文状已去，奈何？"文姬曰："明公厩马万匹，虎士成林，何惜疾足一骑，而不济垂死之命乎！"操感其言，乃追原祀罪。

时且寒，赐以头巾履袜。操因问曰："闻夫人家多坟籍，犹能忆识之不？"文姬曰："昔亡父赐书四千许卷，流离涂炭，罔有存者，今所诵忆，载四百余篇耳。"操曰："今当使十吏就夫人写之。"文姬曰："妾闻男女之别，礼不亲授。乞给纸笔，真草唯命。"于是缮书送之，文无贻误。

蔡文姬是不幸的，因为她个人的遭遇实在是太波折了；蔡文姬又是幸运的，能够有曹操这样一位重情重义的老朋友帮她回归故土，并且能

临漳县蔡文姬雕像

够欣赏她的才华。在封建社会，女人能够施展才华的机会并不是很多，即便三国时期才女也不少，但哪有人是出自寻常百姓家！所以，无论是政治，还是文学，男人永远是那个时代的主角。那么，在建安时代，还有哪些男主角呢？

说一说曹操的两位优秀的儿子吧！一位是曹丕，一位是曹植。他们不仅是曹操儿子里面优秀的代表，也是当时文化圈优秀的代表。曹操的夫人众多，儿子据说也有二十五个之多，但曹丕和曹植却是一母所生，的的确确“本是同根生”。二人的才华难分伯仲，但就文学修养而言，曹植更高一筹。后世著名文学家谢灵运曾评价说：“天下才有一石，曹子建独占八斗，我得一斗，天下共分一斗。”这口气很大呀！不过，像谢灵运这样一位恃才傲物的人来说，都能给曹植（字子建）这么高的肯定，可见他的才华一定卓尔不凡。他的名篇语句优美华丽，想象力丰富，具有极高的审美价值。一句“翩若惊鸿，婉若游龙。荣曜秋菊，华茂春松”，顿时让人的想象力无限放大，具象与意象、现实与想象和谐统一。但是世人对他的作品并不甚了解。或者不能像吟诵他父亲曹操的诗句一样，信口拈来，也许这就是曲高和寡吧，也许只有像谢灵运这样的才子才能与之惺惺相惜！其实曹植为人也很高傲。《三国演义》里有这样一段描写，说曹植的才华非常了得，连他的哥哥曹丕都自愧不如，每次曹操带兵打仗送行的时候，曹植总能文采出众地即兴赠诗与父亲，曹操甚是欣慰。曹丕虽然才华也非常了得，但是与弟弟相比明显逊色，所以曹丕很是嫉妒。为了在父亲面前争宠，争得继位权，曹丕绞尽脑汁。后有高人贾诩为他出谋，教之以情动人，于是每次曹操出行前，曹植仍即兴作诗，曹丕则掩面哭泣，曹操被曹丕的真情实感打动。后因曹植醉酒在闹市驾车横冲直撞，惹曹操大怒。综合种种表现，后来曹操终于下定决心，决定传位于曹丕。

说起曹丕，可以说智商、情商双高，他文武双全，八岁能提笔为文，善骑射，好击剑，博览古今经传，通晓诸子百家学说。他在诗、赋、文学皆有成就，尤擅长于五言诗，今存《魏文帝集》二卷。另外，曹丕著有《典论》，当中的《论文》是中国文学史上第一部有系统的文学批评专论作品。曹丕文采虽然不及弟弟曹植，但能在文人聚集的邺城文化圈内独树一帜，展现自我风格，也当属文人中的翘楚了。

曹丕与父亲曹操在治国上最大的共同之处是重视人才，重视文化建设。我们看《三国演义》往往在刻板印象里觉得曹丕不及父亲的胸襟气度，但实际上曹丕的度量不逊于父亲曹操，甚至某些程度更有过之。曹操虽然重视人才，但人才必须在他的掌控领导之下，如有越界，格杀勿论，杨修与孔融之死就是最好的证明。而曹丕与父亲相比更加宽容、大度。魏晋时期出现了很多名士，他们言行桀骜不驯、放荡不羁，曹丕均能以雅量待之。有人说正是曹丕的雅量与宽容，才会有“竹林七贤”的放旷、个性的空间。包括曹丕本人，有的时候也会有放旷之举。邯郸流传一则成语“驴鸣送葬”，取自《世说新语·伤逝》，说曹丕为建安七子之一的王粲送葬。为了寄托对王粲的眷恋之情，曹丕对王粲的生前好友们说：“王粲平日最爱听驴叫（当时，许多名士喜欢模仿驴叫，认为驴的叫声有音乐感，不以为粗俗），让我们学一次驴叫，为他送行吧！”说完，曹丕带头学了一声驴叫，众人也跟在后面学起驴叫，一时间四处驴鸣之声响起。这种放旷的做法也算是中国最早的“集体行为艺术”了！

后人将曹丕与其父曹操和弟弟曹植并称“三曹”，这不仅是曹丕个人的荣耀，更是曹氏家族的荣耀。纵观中国几千年的历史文明，能够同时卓有成就的父子也不少见，但“三曹”绝对是不能被忽视的存在。“三曹”是父子的合称，更是不能割舍的骨肉亲情。他们在古邺城上演着嬉笑怒骂、悲欢离合……曾经有多少个夜晚，他们在铜雀台上吟诗作赋、把酒言欢，幸甚至哉，歌以咏志。

近距离感受建安风骨（二）

邺城能够成为建安时期的文化中心，主要依靠曹氏集团的政治保障和曹操父子对文学的大力支持。然而一个时代的文明又不仅仅是几个人创造出来的，繁荣需要的是“众人拾柴火焰高”的力量。建安风骨也不仅仅是几个人的风骨，而是那个时代文人们集体的风骨。可历史的记忆总不能捕捉到芸芸众生的脸庞，所以总要找出群体的代表人物予以记录、说明、研究、总结……曹操父子是历史记忆中杰出的代表，同时期“建安七子”也是。

建安七子包括孔融、陈琳、王粲、徐干、阮瑀、应玚、刘桢。孔融的名字是不是最熟悉？对，就是“孔融让梨”故事的主角，孔融天资聪慧，幼有奇才，一鸣惊人，所以孔融成名较早。另外，孔融还有一个身份，是孔子的第二十代孙。古代的出身很讲究门第，孔子是万圣之师，儒家学派的创始人，孔融作为孔子的二十世孙，可以说出身门第非常高，是有名的文化大族。特别经过汉朝“独尊儒术”的政治、思想引领下，孔子的思想学术地位更是无人可以企及。不仅仅是汉朝，后续许多朝代孔子的历代世孙均受到统治阶级的尊重与重用，可见孔子对家族后代的影响非常深远。孔融入世的起点非常高，加之他从小受家学影响，受教育程度较高，顺其自然地成为文化圈主流人物。孔融的文采很好，能诗善文，他的六言诗多以反映东汉末年社会动乱的现实，散文锋利简洁。

汉献帝即位后，孔融就已做官。论出身、论学时、论资历，孔融都可以称得上闻名天下，可以说，孔融当时在文化圈具有举足轻重的地位。因此孔融难免自恃才高，心高气傲，自然说起话来口无遮拦。自曹操挟天子以令诸侯后，孔融就对曹操嗤之以鼻，这种不满的情绪常常以直接的方式表现出来。比如，有一段时间曹操推行禁酒令（为了节约粮食），引起了很多爱酒人士的不理解。但是只有孔融表现最为激烈，他特意给曹操写了封信，名叫《与曹操论禁酒书》。信中他说道："酒之为德久矣。古先哲王，类帝禋宗，和神定人，以济万国，非酒莫以也。"他洋洋洒洒说了一堆为酒辩护的话。曹操一开始对他也挺客气，特意写了回信，大意是历史上有不少君王和大臣因酒误事乃至亡国的，所以必须禁酒。结果孔融又回了封信，反驳道："夏商以妇人失天下，今令不断婚姻。而将酒独急者，疑但惜谷耳，非以亡王为戒也。"意思是，许多朝代还有因为红颜祸水亡国的呢，你怎么不戒婚姻呀？你不要跟我讲什么酒能亡国的大道理，就是舍不得粮食而已，一点面子也不给对方。

由于没有从心底认可曹操，所以孔融凡事都要与他作对，这类"侮慢之辞"让曹操不绝于耳。曹操自然无法容忍，恨不得一杀为快，可孔融名气太大，他又怕背上"杀贤"的名声，于是就把孔融的官给免了。赋闲在家的孔融更是肆无忌惮，大摆筵席，宾客络绎不绝，大肆饮酒，还扬言："坐上宾常满，樽中酒不空，吾无忧矣！"（《后汉书·孔融传》）摆出一副你看不惯我、也干不掉我的样子。曹操大权在握，岂能容他人如此扰乱民心！后来找到许多理由把孔融处死了，并牵连到孔融家人。后《世说新语·言语》记载："融谓使者曰：'冀罪止于身，二儿可得全不？'儿徐进曰：'大人岂见覆巢之下，复有完卵乎？'寻亦收至。"这就是成语"覆巢之下，焉有完卵"的出处，连孔融的孩子都能明白这个道理，可作为大儒的孔融却为了自己的倔强，牺牲了家人的性命。就这样，一代贤人却落得不得善终的结局。这是一种坚持自我的态度，还是不识时务的悲剧？也许只有孔融本人最有发言权。

接着再说说才子陈琳，陈琳年纪为建安七子中较长的，与孔融相仿。陈琳职业生涯较为复杂，汉献帝即位时就已经为官，后跟随袁绍，袁绍战败后又跟随袁尚，袁尚败后就归附曹操了。可以说到了邺城以后，陈琳才算稳定下来。陈琳一生著作据《隋书·经籍志》载原有集十卷，但是都已经失传。那又如何领略陈琳的风采呢？一件事即可说明。建安五年（公元200年），官渡之战爆发，陈琳作《为袁绍檄豫州》，目的是痛斥曹操，灭其志气。曹操当时正苦于头风，病发在床，因卧读陈琳檄文，竟惊出一身冷汗，翕然而起，头风顿愈。后来，曹操战胜袁绍以后，因为太欣赏陈琳的才华，并没有追究他的过错，还封陈琳为司空军师祭酒。由此可见曹操爱才、求才之心！曹操深爱其才，对于陈琳的作品，有时竟不能为之增减一字。后建安二十二年（公元217年），丁酉大疫爆发，陈琳染疾逝世，与刘桢、应玚、徐干等同染疫疾而亡。

建安七子之王粲，出身名门，从小博闻强识，记忆力惊人，据说有过目不忘的本领。年少就与蔡文姬的父亲蔡邕为忘年交。成年后先为刘表门下，后归顺曹操，被曹操重用。王粲著诗、赋、论、议垂六十篇，其中《七哀诗》《登楼赋》等皆为名作，王粲为建安七子中年纪最小的，但梁朝大文学评论家刘勰在《文心雕龙·才略》中却赞誉王粲为"七子之冠冕"，可见王粲的文学地位。王粲因身体较弱，后因病逝世，曹丕亲自为其“驴鸣送葬”。

徐干，为建安七子中最低调一人，被后世称为淡泊名利的彬彬君子。徐干才华出众，被曹操三次征召，第三次他才出世，也算是“三顾茅庐”了。可没当几年官，他又辞职归隐了。徐干学习非常刻苦，小时候属于“别人家孩子”的那种学霸，年少读书痴狂，父亲甚至经常禁止他读书。徐干一生充满矛盾，一方面他著书立传，曾著《中论》，认为读书人应该有匡时济世的报负，可他自己又不愿为官；他生活清苦，甚至温饱都难以解决，可仍不愿意随波逐流，依然恬心寡欲。也许这就是传说的“隐士高人”！徐干与建安七子中的刘桢关系较好，在刘桢最为艰难的时刻，曾写《赠徐干》五言诗，表达对徐干的想念和对自己处境的不满。徐干也回作《答刘桢》，同样表达对好友刘桢的想念和对现实的无奈。

答刘桢

与子别无几，所经未一旬。
我思一何笃，其愁如三春。
虽路在咫尺，难涉如九关。
陶陶朱夏德，草木昌且繁。

阮瑀，是建安七子中非常受曹操重视的一位，因为阮瑀能够归顺曹操实属不易。阮隅师从蔡邕，受名师指点，加之自身资质很高，所以才华出众。曹操求贤若渴，一直想邀请他出来做官，可阮瑀志在山林，不肯出山。于是曹操便效仿晋文公烧山逼介子推出来的桥段，命令放火焚山，以迫使阮瑀出山。这就是著名的“焚林之求”。《乐府诗集》中有所记载：

太祖雅闻（阮）瑀名，辟之，不应。连见逼促，乃逃入山中。太祖使人焚山，得瑀，送至，召入。太祖时征长安，大延宾客，怒瑀不与语，使就技人列。瑀善解音，能鼓琴，遂抚弦而歌，因造歌曲曰：“奕奕天门开，大魏应期运。青盖巡九州，在东西人怨。士为知己死，女为悦者玩。恩义苟敷畅，他人焉能乱？”为曲既捷，音声殊妙，当时冠坐，太祖大悦。

没办法，阮瑀不想像介子推一样被活活烧死，只能出来做官。看来，老话说的没错：“胳膊拧不过大腿！”君叫臣做官，臣不得不做官呀！封建社会统治阶级权力最大，读书人没有自主选择权，更别提就业双向选择了，只有“必须”二字。阮瑀出山以后，常为曹操起草军国书檄，名作有《为曹公作书与孙权》。并且，阮瑀为建安七子中音乐造诣很高的一位。只可惜阮瑀寿命不长，死因不详，但是阮瑀的后人在文化圈仍历史留名，算是对阮瑀生命的延续。那就是他的儿子阮籍和孙子阮咸（阮籍的侄子），均成为“竹林七贤”中的重要成员。

七子中的应玚是一位平和且带有点忧郁气质的文化人，情绪较为稳定，所以在七子中显得存在感并不是很强，但是这丝毫不能影响他的文学地位。应玚出身书香门第，祖父、伯父当时已经很有名气，到了应玚一代，他更是站在了巨人的肩膀上，出世为官都是顺其自然的事。他曾是曹操的笔杆子，深得曹操信任，且曹丕、曹植都很敬重他。应玚擅长文赋，有文赋数十篇，诗作不多。代表作《待五官中郎将建章台集诗》，音调悲节，多写离居飘零之感，曹丕曾评价应玚的作品“和而不壮”。建安二十二年，他死于瘟疫。

侍五官中郎将建章台集诗

朝雁鸣云中，音响一何哀。
问子游何乡，戢翼正徘徊。
言我塞门来，将就衡阳栖。
往春翔北土，今冬客南淮。
远行蒙霜雪，毛羽日摧颓。
常恐伤肌骨，身陨沉黄泥。
简珠堕沙石，何能中自谐。
欲因云雨会，濯羽陵高梯。
良遇不可值，伸眉路何阶。
公子敬爱客，乐饮不知疲。
和颜既以畅，乃肯顾细微。
赠诗见存慰，小子非所宜。
为且极欢情，不醉其无归。
凡百敬尔位，以副饥渴怀。

七子中的刘桢，也是一位大才子，同时也是一位有点小倔强的文化人。刘桢在邺城又发生过怎样的故事呢？相传，一次曹丕宴请文化圈的人吃饭，刘桢也在邀请之列。喝到酒酣耳热之时，曹丕就特别想显摆一下自己才貌双全的夫人甄宓，此女是何来历呢？她原为袁绍的儿媳妇，后袁绍战败，被曹丕所夺，与之结为夫妻。据说甄妃长的美若天仙，且文采出众。谣传她就是曹植《洛神赋》中洛神的原型。当日酒宴，甄妃应邀出来与众人相见。古代是讲究礼仪尊卑的，王妃出来，大家自然要行礼互拜的。可只有刘桢平视木然，他的逾矩行为被认为大不敬，然而具有雅量的曹丕并没有介意。可老子曹操听说此事后大怒，就惩罚刘桢到石料场做苦力。这就是一次酒宴惹出来的事非。后来很多人就分析刘桢为什么见而不拜？有人说他是因为耿直忠厚，反感曹丕夺人之妻的行为、鄙视甄妃再嫁不贞的为人。也有人说因为甄妃太美，当时喝醉的刘桢估计是被美得呆住了。究竟是什么原因？估计喝醉的刘桢自己都未必说得清楚。

当时，文人被罚做苦力，可以说是对文人很大的侮辱，刘桢也非常苦闷，所以就给好友徐干写诗《赠徐干》，表达自己的处境与心情。后来，曹操前往石料场察看，别人见到曹操都匍匐在地跪拜，唯有刘桢未跪，照常劳作。曹操大怒，问刘桢为何不跪拜，刘桢回答说："我在相府当差时，丞相时常教导做事要竭尽全力，如今我身为苦力，专心研石料，便是对大人尽忠，因此不敢放下手中的活。"曹操又问刘桢："你手上的那块石头怎么样？"刘桢说："这块石头出自荆山，和春秋时期的和氏璧出自同一个地方，外面有五色花纹包裹，里面是稀世珍宝。但研磨不能使它的色彩更加光亮，雕琢不能使它的花纹更加美丽。它的坚硬是自然赋予的，只是它的文理弯曲，很难被人视作珍宝。"曹操知道刘桢借石自喻，还是很欣赏他的才华，于是就赦免了他。但曹操知道刘桢生性倔强，难以管理，所以从此放弃了重用他的想法。建安二十二年，刘桢也未能幸免于瘟疫。

通过建安七子中徐干、陈琳、应玚、刘桢的最终命运可以得知，建安二十二年发生的这场瘟疫着实不小，在曹丕的《与吴质书》中也得到印证："昔年疾疫，亲故多离其灾。徐陈应刘，一时俱逝。"曹植存留下来的《说疫气》中也提道："建安二十二年，疠气流行。家家有僵尸之痛，室室有号泣之哀。" 家家有死人，户户在痛哭，有的"阖门而殪"，全家死亡；有的"覆族而丧"，全族人一个不剩。

战争、疾病、灾害成为那个时代挥之不去的梦魇，有文化的知识分

临漳县建安文学馆

子尚且不能安身立命，又何况普通老百姓的命运呢。建安时期短暂的安静与祥和，随着瘟疫的发生，随着“邺下文人集团”贤人们的离世，随着曹操死后曹丕到洛阳称帝，古邺城的辉煌由盛转衰。人来了，又走了，下一次来的又将是谁呢？

建安时代虽然已经远去，曹氏父子与建安七子的故事也早已成为历史，但是在今日的邯郸市临漳县仍然兴文重教，依然受建安文学的感召。并且在2010年开始动工兴建建安文学馆，2013年已全面启用。建安文学馆由文昌阁、三曹厅、七子厅、邺下其他文人厅、建安文学研究厅五部分组成，位于河北省临漳县碧水荡漾的邺城公园三曹园文昌岛上，建筑面积1353平方米，是感悟历史、凭吊古人先贤的优选之地。夜幕降临，在今日的临漳走一走，用心去感受历史的回音，吊古启今，也许就能叩开你闭塞的心门。

煎熬的三百年（一）

自东汉末年动乱以后，中国历史进入了非常混乱的时代，社会的无序已经超出常人的想象。三国时期，虽然军阀混战，但是各方至少还保有底限，无论“挟天子以令诸侯”还是假惺惺的禅让，抑或打着正义的旗号自立为王……表面上还顾忌着道德，潜意识里还是要顺从天意而作为。而到了西晋末年，利欲熏心的政治家已经完全脱掉了人类的外衣，赤裸裸地进行王位的争夺。司马家族的兄弟们为了获得至高无上的政治地位，兄弟之间残害，令人发指，这就是历史上的“八王之乱”，结局却是每一位被欲望与野心控制的人全都不得善终。他们本应该是晋王朝的忠诚保卫者，却成为其埋葬者。他们之间的内斗，使国力大大衰退，国家的公信力也大大丧失，更让觊觎中原的少数民族看到了希望。正可谓“家里不和外人欺”！从此，开始南北朝和十六国的大分裂时代。

北方进入不断战乱与残杀的时代，邯郸作为中原地区的腹地，命运与国家命运是一致的、百姓的命运与国家的命运也是一致的，那个时代的百姓可以说是最可怜的，食不果腹，朝不保夕。胡人的大量入侵，对汉族进行了大规模的驱赶和屠杀行为。汉人不得不渡河南迁，特别是一些士族和文化人，从西晋末年就开始迁移到南方以求安稳度日，史称“衣冠南渡”。这是第一次“衣冠南渡”，也是中国历史上规模较大的一次人口迁徙，是黄河流域人口的第一次大迁徙。邯郸及周围一代南迁的人口也不在少数，这一次南迁的人口主要集中在长江中游的荆州和下游的扬州区域。这些南渡的人口被称作侨人，他们却自称为“客家人”，他们来到陌生的地方，绝大多数是按照宗族、乡里相聚而居。据记载，在雍州侨置有广平郡，下辖侨县有“易阳、曲周、邯郸”。据《城固县志》乡村条记载，该县在清朝初年有“邯郸村”，这个村名很可能就是“衣冠南渡”时期留下的地名。随着大量汉族百姓和知识分子的南迁，客观上保障了汉族政权也随之南迁，后由司马睿建立东晋政权，东晋的建立为南迁的汉族百姓和当地的土著居民争取了近一百年相对稳定和平的生存环境。后续南朝宋、齐、梁、陈政权有所更迭，但对老百姓来说，生存环境还是相对稳定的。

北方就没那么幸运了，一直处于少数民族政权割据的时代，战争频发，由少数民族和后来汉化的少数民族后代建立了前赵、后赵、冉魏、前燕、前秦、后秦、北魏、东魏、北齐等数十个国家，历时三百年之久。这时期的人口特点是：由于匈奴、鲜卑、羯、羌等北方少数民族进入中原，与当地汉族人杂居、交流、通婚……这一时期的大流动、大迁徙、大杂居，打破了民族的原有格局，使得少数民族与少数民族、少数民族与汉族在空间分布上产生了变化，也是历史上一次民族大融合的时代。

对于这段历史，不同立场的人总是有所争议，这也是一段让历史学家都头痛的历史。作为历史无法选择，存在即有道理。既有其存在的客观性，也有其存在的偶然性。作为研究历史的专家看的是历史发展规律性的“门道”，对于我们普通老百姓看的是“以史为镜”故事性的“热闹”。且看这一时期在邯郸这一大片土地上都发生过怎样的“热闹”！

在这一时期，邯郸一带先后处于前赵、后赵、冉魏、前燕、前秦、东魏、北齐、北魏统治之下，邺城（今邯郸市临漳县）更是一度成为后赵、冉魏、前燕、东魏和北齐的国都。自曹操在邺城开凿水系、以邺城为都，使邺城得到了很好的建设和发展。后曹丕在洛阳称帝，仍设邺城为陪都。到了公元319年，羯族首领石勒灭前赵，在襄国（今邢台一带）自立为王，史称“后赵”。同时，又命自己的侄子石虎做魏郡太守，开始大规模营建邺城。石勒死后，石虎发动政变，夺得王位，于公元335年迁都邺城。石虎可以说是通过篡位得到王权的，就这一点的所作所为，已经违背了正统的价值评判。事实证明，这个人也的确不是正常人。石虎统治期间，残暴至极，滥杀无辜，大兴土木，广建宫殿，甚至挖掘古墓以取财宝，邯郸一带的古墓均成为他的猎取目标。《晋书·石季龙载记下》称：

> 勒及季龙（即为石虎）并贪而无礼，既王有十州之地，金帛珠玉及外国珍奇异货不可胜纪，而犹以为不足，曩代帝王及先贤陵墓靡不发掘，而取其宝货焉。邯郸城西石子堈上有赵简子墓，至是季龙令发之，初得炭深丈余，次得木板厚一尺，积板厚八尺，乃及泉，其水清冷非常，作绞车以牛皮囊汲之，月余而水不尽，不可发而止。又使掘秦始皇冢，取铜柱铸以为器。

石虎盗取“赵简子墓”因水大而未能成功，但其他古墓遭到的破坏可想而知。如果说盗墓贼盗墓，作为小人“无所不用其极”还可以理解，而石虎下令掘墓却是官府组织的官盗。由此可见，饱经十六国战乱的邯郸，就连葬身九泉之下的古人也未能幸免于难！这种毫无底线的治国之道怎么能够长久？也许作为一国之君的石虎也不在乎是否长久，及时享乐、为所欲为才是他当国君最大的快乐。

石虎是历史上有名的暴君，如果说曹魏时期，邺城能够成为都城，是邺城百姓的幸运；而后赵时期，石虎控制的邺城，却充满着杀气。他性情残忍，年少的时候就已经表现出端倪，喜欢打猎，游荡无度，甚至滥杀取乐。成年以后，这种粗鲁与蛮勇恰恰是战乱时代的优势，很快他被石勒重用，拜征虏将军。事实也证明，石虎的确不负石勒的重望，南征北战，战功卓著，为石勒建立后赵政权立下了汗马功劳。然而，战争并没有让石虎看到生命与和平的珍贵，反而让他变得更加冷酷无情，穷凶极恶。且看他如何处理人际关系：他对待下属，“军中有勇敢、谋略接近自己的，立刻诛杀”；对待糟糠之妻，“石虎宠信小妾郑樱桃，先后杀害了两任妻子郭氏、崔氏”；对待亲人，“既而父子猜嫌，兄弟仇隙，自相屠脍”；对待战俘，“至于降城陷垒，不复断别善恶，坑斩士女，鲜有遗类”；对待百姓，“百姓妻有美色，豪势因而胁之，率多自杀”……不仅如此，还有更令人发指的行为，俗话说，“虎毒不食子”，而石虎连自己的亲生儿子都要杀害，而且是虐杀，并全程观看，残忍至极！石虎具有典型的反社会型人格，这样的人成为一国之君，不能想象百姓是如何倒霉、遭殃！邺城百姓更是如何生活在水火之中！

还有更不能想象的，石虎这样残暴的人竟然是虔诚的佛教徒！石虎执政期间，大肆推行佛教，认为“佛是戎神，正所应奉”。石虎推行佛教，有其历史的必然性，也有其个人际遇的偶然性。佛教从西汉时期传入中国，但并未得到很好的推广。佛教由于系外传而来，之前很长一段时间被视为胡教，东汉、曹魏、西晋时期，政府只允许胡僧立寺院，禁止汉族百姓出家。不过已经有很多佛教徒在我国进行传法，他们此时也意识到，要想传播佛法，必须要通过皇权进行推广，于是很多高僧开始与统治者进行接触。而历史正好处于动乱时代，少数民族首领也正好需要有适合的上层建筑来维护政权。作为“外传宗教”的佛教和“外来人口”的少数民族统治者一拍即合。另外，佛教的教义与战乱时代疾苦的现实非常契合，很容易深入人心。很快，佛教自东晋末年开始，在我国得到迅速发展。石虎与一位高僧关系密切，这位高僧就是天竺僧人佛图澄。佛图澄在石勒在位期间就与后赵进行“深入合作”。他通过“预言成败”，多次得到验证，使得石勒、石虎对其深信不疑。佛图澄是历史上记载神迹最多的和尚（《高僧传》和《晋书》都记载佛图澄的诸多神通事迹），传说他现场演示过“花开见佛”的奇迹，通过他的加持，一朵莲花在盆中徐徐盛开。传说无法考证，但可以肯定的是，对于政权更迭频繁、社会形势混乱的北方，表露神通是比叩痛传法更能让人信服，继而潜心信奉佛法。石虎更是允许境内的所有人都可以自由出家，这是我国历史上第一次官方命令汉人可以出家。佛图澄深受石虎赏识，使佛教第一次得到国家的扶持，这是佛教史上的首创。同时，他与弟子们建有寺院893所，创造了寺院统计的最高纪录。事实不难看来，对于统治者石虎来说，并不是真心信奉佛法、讲求众生平等，只是为了达到自己统治百姓的政治目的而已；对于高僧佛图澄也并未真正拯救当时饱受战乱之苦的芸芸众生，而是为了实现自己拓展佛教业务的职业目的罢了！虽然石虎并未能够参悟佛学的真谛，但却在客观上推广了佛教文化，也使得邺城逐渐成为佛教文化的传播中心。

石虎作为“虔诚”的佛教徒，也得到了佛教教义中“因果”的验证。石虎死后，他的儿子们上演了家庭伦理悲剧，为争夺王位相互残杀。另有石虎的养孙冉闵，为夺取王位，在诛杀石虎儿子的事情上也出了不少力。最终，石虎的十三个儿子全部死于非命，石虎的家族以“自残”的方式消失在历史的长河中。这是人间悲剧，却是历史最正确的选择，这种人类基因的消失就是对人类最大的拯救！

后赵灭亡了，冉闵夺得了政权，依然在邺城建立政权，史称冉魏。冉闵为石虎养孙，初名石闵，因为他的父亲为石虎养子，家族改姓为石。公元350年，他弑杀石鉴称帝，恢复冉姓。冉闵夺取政权的方式与石虎如出一辙，都是养虎为患、忘恩负义的故事。冉闵虽然为石虎养孙，但石虎对待他如亲孙子一般。那又怎么样？那样的时代，所有人第一称呼都是野心家，亲情是排在最后的称谓。只可惜，想要历史留名也不是那么简单的，搞不好一方面要背负骂名，甚至还要以失去生命为代价。《晋书》记载，冉魏时期，“贼盗蜂起，司、冀大饥，人相食。自季龙末年而闵尽散仓库以树私恩。与羌胡相攻，无月不战。……诸夏纷乱，无复农者”。冉魏国运只维持两年，随着冉闵在与前燕的作战中被俘牺牲，冉魏也被前燕所取代。一个王朝就像烟花一样转瞬即逝，王朝的更迭就如同家常便饭，慢慢百姓就习以为常了。

前燕也属于少数民族政权，由鲜卑族建立。公元352年，前燕率军消灭冉魏，夺取邺城，慕容儁称帝，公元357年正式迁都邺城，邺城开始了前燕统治时期。前燕比后赵、冉魏政权略强，并没有把注意力放在奴役百姓上，而是不断开疆拓土。前燕历三世两主，共十八年，其疆域“南至汝颍，东尽青齐，西抵崤黾，北守云中”，属于十六国时期比较强大的政权，曾与前秦、东晋三足鼎立，是北方霸主之一。然而，在公元370年，由前秦首领苻坚派大将王猛攻灭前燕，据《晋书》记载，获得前燕“郡百五十七，县一千五百七十九，户二百四十五万八千九百六十九，口九百九十八万七千九百三十五”。根据这组数据可以推测，前燕时期每个县只有1500多户，人口也只有6300多人，邯郸当时属于普通的县，人口大概也是如此。邺城作为国都，按普通县城5倍计算，也不过30 000多人，可见人口锐减的程度！这还是经过前燕十八年统治，相对稳定后的数据，那么在后赵和冉魏时期人口的数量应该更少！

史料关于这一时期邺城及周边城市发展情况的记录很少，也许战乱频发，记录早已毁坏，也许当时只顾打仗导致城市建设与生产根本无法进行，也许城市已经凄惨到没有记录的必要性……无论是哪条理由，都不会让人对一个战乱的时代充满信心。相反，我们更加深信：暗淡的时代，任何地方都不会发光！

煎熬的三百年（二）

公元376年，前秦基本统一北方，与东晋以淮水为界，分而治之，形成南北对峙之势。但是苻坚并不满足，一直有一统天下的野心。公元383年，他认为时机已经成熟，便率领八十万各族联军御驾亲征，兵临淝水，并摆出“抽鞭断流”之势。而东晋毫无惧色，由谢玄率领的八万“北府兵”积极迎战，吓得前秦兵“风声鹤唳”“草木皆兵”，这就是历史上著名的以少胜多的战役——淝水之战。苻坚败北，从此北方陷入更严重的混乱状态。直到公元439年北魏重新统一了北方，中国历史进入了南北朝时期。

其实没有哪个朝代叫作南北朝，而是北朝和南朝的统称，北朝也不是一个朝代，是这个时期北方少数民族五个政权的总称。包括北魏、东魏、西魏、北齐和北周五朝（北魏分裂为东魏、西魏，北齐取代东魏，北周取代西魏，北周灭北齐）。同理，南朝则是这个时期南方由汉族建立的四个王朝的统称，包括宋、齐、梁、陈。直到公元581年隋文帝杨广建立隋朝，灭陈统一了中国，南北朝才算正式结束。

那么在这段时间，邯郸又发生了怎样的变化？又会留给历史哪些有价值的思考呢？

北方连年混战，邯郸百姓饱受战乱之苦，百姓流离失所，邯郸城在战乱中已经破败不堪，好在邺城（今邯郸市临漳县）建设基础还在，所以，邺城相继为南北朝时期东魏和北齐的都城。

东魏是由北魏分裂而来的政权，朝中大权一直由权臣高欢把持，建国不久，不愿做傀儡皇帝的孝武帝竟然出逃，投奔了西魏权臣宇文泰。历史上不愿意做“皇帝”的皇帝很多，但是真正能够出逃的并不多，东魏孝武帝也算是一位能够主宰自己命运的幸运儿了，至少没有特别窝囊地活着。而后来的魏孝静帝就没有那么幸运了，十一岁即位，跑又跑不了，说了又不算，甚至在朝堂上都会遭到高欢父子的公开辱骂。当时邺城出现了一首童谣：“可怜青雀子，飞来邺城里。羽翮垂欲成，化作鹦鹉子。”青雀暗指孝静帝，鹦鹉暗指高欢。这首童谣，形象地道出了北魏皇权的一败涂地和少年天子的艰险处境，同时这首童谣也说出了邺城历史大事件，也就是在魏孝静帝在位期间，东魏的国都由洛阳搬迁到了邺城，从侧面也可以说明当时的邺城建设基础并不比洛阳差。

说回魏孝静帝，他是一国之君，却也是一个孩子，一个在虐待中长大的孩子，内心必定受伤至深。可在那个战乱年代，想必有童年阴影的人也不止魏孝静帝一人吧！作为年轻的魏孝静帝而言，唯一的希望也许就是增长自己的才干，健康长大，用生命熬走权臣高欢。魏孝静帝也的确是有志青年，后成长得有胆有谋，文武双全。可作为一个亡国皇帝却有太多的迫不得已，朝政长期由权臣父子把持，自己的一举一动均在监视范围之内，“量你有万般能耐，也使不出来”！公元547年，高欢去世，魏孝静帝本以为机会来了，可是高欢的长子高澄很快承袭父职，继续把持东魏朝政。高澄更加不念及君臣共创天下的旧情，肆意对孝静帝进行侮辱。而孝静帝也算是一条好汉，始终秉持着宁肯亡国，也不接受任人摆布的决心和勇气，于是谋划讨伐高氏一族，可如何逃开监视呢？孝静帝决定挖掘通往城外的秘密通道，可眼见快要完工之时被高澄发现了。高澄理直气壮地带兵入宫逼问孝静帝："我们父子两代为国家忠心耿耿，有什么地方对不起陛下呢？陛下为何要造反！"孝静帝镇定地有礼有节地答："自古以来，只听说臣子反叛君王，没听说君王反叛臣子。你自己要谋反，又何必指责我呢！"高澄被孝静帝驳斥得哑口无言。也许历史上敢于逼问天子造反的，也只有高澄一人吧！高澄的所作所为足可以看出当时高氏一族势力之大，而孝静帝只不过是一个傀儡而已。这样发展下去，高澄称帝将是迟早的事，只可惜高澄把持朝政两年后就被害身亡。孝静帝仿佛又看到了崛起的希望。没想到高家子孙满堂，人才济济，高澄死后，他的弟弟高洋立即出来继承了他的权势。高洋更是狠角色，不仅能力不输哥哥高澄，性格比高澄更加凶残，更难对付。孝静帝真是生不逢时，才出虎穴，又进狼窝。熬走了高欢高澄父子，都没有等来翻盘的机会。高澄死后第二年，公元550年，在十万精兵的逼迫下，孝静帝被迫禅位于高洋。高洋称帝，北齐建立。高洋的政治手段还是很高明的，没有模仿后赵直接弑杀孝静帝，虽然他有这个能力，但他依然给予一国之君足够的体面，虚伪地采取禅让这种怀柔的方式夺取政权。并且封孝静帝为中山王，食邑一万户。在封地，孝静帝可以悬挂天子旌旗，用天子年号，文书可以不称臣，三个儿子也都封官食邑等。对亡国皇帝能够有如此优待，感觉高洋也算是仁至义尽。可第二年孝静帝及他的儿子们均被害身亡，可见高洋之前对待孝静帝的"善举"无非是在演戏而已，抑或是为了得到支持而做的表面文章罢了！静孝帝生为天子，生不逢时，反抗一生，终究没有逃脱命运的摆布。历史上亡国皇帝很多，有“乐不思蜀”的刘禅、也有许多像孝静帝一样倔强的反抗者。就个人命运而言很难说哪种人生选择更为智慧！但对于历史评价而言，肯定孝静帝这种骨气更加让人敬佩！明知不可为而为之，绝对是一种勇气！

孝静帝死后，高洋完全摆脱了前朝的阴影，开始了高氏一族的封建统治。“禅让”这种政权交替方式，是封建社会最好的政治发明之一。避免了许多血雨腥风的场面，也让百姓避免了大动干戈的惊吓。这种温和的政权交替方式，使老百姓的生活不至于受过多的影响。虽然从公元534年—公元550年在邺城经历了从东魏到北齐两个政权，对于老百姓而言只不过是生命中的十几年而已！

北齐仍然选择建都邺城，成为建都邺城的最后一个王朝。北齐依然是少数民族政权，但是当时作为统治阶级的鲜卑族，经过北魏孝文帝汉化改革后，在很长一段时间与汉族通婚、聚居、交往，已经融入了中原文明。所以在北齐时期，出身官二代、官三代的统治者已经具备很好的文化修养，有的还非常热爱文学，这就奠定了文化发展的基础与可能性。纵观中国文化史，北齐时期的宗教文化、雕刻、绘画、文学……均达到了很高的造诣，具有举足轻重的地位。具有文化修养后的统治者对于百姓的统治也相对温和了许多，虽然仍然有暴政、劳役、兵役等现象，但相比“后赵”时期，百姓幸运多了。

可就是这样一个王朝，却被后世称为“禽兽王朝”，这又是为什么？这就要从高氏家族的荒唐事说起。

北齐是通过高洋威逼孝静帝禅让得来的天下，这样的方式看似体面，但用中国正统文化评判，仍然属于篡位。高氏作为臣子本应“君为臣纲”，可高氏家族偏要倒反天罡，儒家文化的“忠孝”也许高洋永远不能理解。这样看来，鲜卑汉化也只不过是照猫画虎而已！但是，就当时取得的结果而言，不得不说高氏家族智勇过人，毕竟他们的对手孝静帝也并非昏庸无能之辈。

根据历史记载，高氏一族的确基因很优秀，大多数子弟智商很高，颜值也很高。被后世称为“四大美男子”之一的兰陵王就是高澄之子。但是，北齐也是一个短命的王朝，只统治了二十八年，历经六帝。统观北齐的统治者，刚开始都是治国能手。比如高洋在统治前期，修订了《北齐律》，这部律法影响了此后一千三百多年东亚刑法走向；严禁贪污，注意肃清吏治；前后筑北齐长城四千里，置边镇二十五所，屡次击败柔然、突厥、契丹，出击萧梁，拓地至淮南……可后期都像变了一个人似的，无比荒诞离奇，甚至尽失人伦之理。并且，每一位君主都很短命，没有活过四十岁的。第一任皇帝高洋三十四岁就酗酒而死。他一生中做过很多荒诞的事情，其中最为让人毛骨悚然的是竟然把自己爱妃杀了，用其骨头做成了琵琶弹，还口口声声说着“佳人再难遇”这样怀念的话。高洋统治了九年，死后传位给了儿子高殷，可高殷只在位不到一年，就被自己的亲叔父高演篡位，谋害致死。高演作为高欢的儿子，高洋的弟弟，治国理政能力不输高洋，只可惜只在位了两年，传说因杀害侄子高殷后愧疚，最终神志不清病死。高演怕自己的儿子如侄子高殷一样命运多舛，于是临死前直接将皇位传给了弟弟高湛。即便如此，高演的儿子也没有逃出叔父的魔掌。高湛传说仪表俊美奇伟，刚开始执政时也能够勤政亲贤，平定叛乱，积极抵御北周的入侵。可后来他却变成了享乐主义者，且品行表现得极其恶劣。他竟然为了可以安心享乐，直接把皇位传给了儿子高纬，自己只执政了五年而已。高纬是北齐执政时间最长的皇帝，在位达十二年，高纬的颜值也很高，热爱文学，起初的时候也很勤政，并能够做出大赦天下的善举，信奉并推崇佛教。可慢慢地他也变得穷奢极欲，每天变着法地玩耍，被世人称为“无忧天子”，有时候还喜欢玩角色扮演的过家家游戏，扮演乞丐进行乞讨，荒唐程度超出常人想象。他成功地继承了高氏一族的高颜值基因，同时也成功的继承了高氏一族的“精神病”特质。这样的荒诞行径，必定将北齐推向毁灭。公元576年，晋州即将失守，高纬亲临前线指挥作战。他的智商还是很高的，指挥士兵们挖地道攻城。地道挖好了，士兵们都蓄势待发，准备一举攻下城池，眼见攻城就要成功了。就在这时候，高纬的爱妃冯小怜传过话来，她从来没见过打仗，所以想过来观看，让高纬等会儿，她来了再攻城。众将士就这样等啊等，冯小怜用了好长时间化了精致的妆容才缓缓赶来。可北周此时已经发现了地道，用土将地道回填，最终北齐错失了战机大败而归。历史又一次惊人的相似，冯小怜就好比导致夏亡的妹喜，殷亡的妲己，周亡的褒姒……红颜祸水也许只是加快了历史的进程，而北齐的混乱管理、无道统治才是最终亡国的根源。高纬做了很多错事，其中最错的还要数杀错了两个人，他们分别是高长恭和斛律光。

高长恭就是兰陵王，高澄之子，历史上著名的美男子，可以说是高氏家族颜值担当，按辈分是高纬的同辈兄长。兰陵王不仅人长得帅，也是战场上的英雄。由于长得太帅了，担心对手觉得自己是小白脸，所以兰陵王每次出征都要戴上表情凶狠的面具。为此《兰陵王入阵曲》破茧而出。此曲为中国古代著名的歌舞戏，起源于北齐，盛于唐代，是歌颂兰陵王的战功和美德而做的男子独舞，后在我国失传。1986年，河北省邯郸市兰陵王墓文物人员通过日本专家找回此曲，使其重归故里。1992

兰陵王雕像

兰陵王墓

年9月6日，也就是该曲问世1428年后，在邯郸市组织下，日本奈良大学教授笠置侃一等人率领的雅乐团在磁县兰陵王墓前供奉演出了此曲。兰陵王因为品行端正、战功卓著深受后世喜欢。也正因为兰陵王的完美，才会惹来杀身之祸。高纬怕兰陵王的威望过高，威胁到自己的皇位，所以毒杀了兰陵王。可高纬忘了，兰陵王的战功正是守护高氏王权的最好证明。

高纬也许觉得自己也会打仗，所以并不将武将放在眼里，不仅仅是兰陵王，还有北齐名将斛律光。斛律家族忠心耿耿，斛律光和他的父亲斛律金都是北齐的名将，父子两代守护着北齐的国土，多次成功抗击北周军队，因此北周军队非常惧怕斛律光。可以说斛律家族是北齐的忠诚守护者，可就在北齐末期用人之际，高纬却因斛律光一些人际关系小事，将斛律光一族满门抄斩，毫不留情。

北齐一下损失两员大将，才会给了北周进攻北齐的机会。公元576年，北周对北齐进行了大规模进攻，打得高纬节节败退，眼见邺城就要沦陷。高纬知道无力回天，竟抓来自己的儿子做替罪羊，将皇位临危传给了太子高恒。结果八岁的高恒就这样稀里糊涂地成了北齐的末代帝王。高纬的闹剧终于在公元577年落下了帷幕，北齐彻底被北周取代，北齐灭亡，北周统一了北方。

随着北齐的灭亡，邺城也在公元577年结束了自己的历史使命。后人整理成诗："魏晋北朝多变迁，六朝故都漳河畔。曹操邺城建王都，后赵石虎帝其间。冉闵建魏只两年，慕容据邺为前燕。东魏都邺孝静帝，高洋篡魏北齐天。"诗行只八句，历史却从曹魏到北齐，跨越了三百七十多年。"都城"带给邺城无限的荣耀，同时也带给邺城无限的磨炼。历史上形形色色的人在邺城生活置业，在邺城见世面，而邺城也因为这些人的到来拓宽了自己的维度与视野。邺城的历史故事讲完了，而邺城的文明仍在继续。

民族融合下的北方文明

漳河古渡，水脉悠悠，自曹操建都邺城，到北齐灭亡，历史中多少过客会在这里踌躇满志？“六朝古都”邺城的繁华与衰亡，又见证了多少历史沧桑？这是中国历史最分裂、最复杂、最曲折、最混乱的一段时期。有很多历史学家并不承认少数民族政权统治后的北方历史为中国的正统，认为随着西晋末年的衣冠南渡，北方的文明与政权也随之南迁。可那些我们不愿提及的往事却真实的发生在中华大地之上!这就好像一个人长大成人后却从来不愿提及儿时的心灵创伤一样，殊不知，只有接纳不完美的自我才是与自己和解的最好方式。况且，文明并不是哪个特定民族、哪个特定阶级、哪一群特定的人创造出来的，也不是像东西一样说带走就可以带走的。只要有人的地方就会产生文明，且让我们包容地对待历史，不评价人，以少数民族统治时期的邺城为例，只是单纯地从欣赏文化与艺术的角度，冷静、客观的看待文明这件事。

思想算是文明的根源，思想也会指导着人的行动。那么就从思想说起。前面提到后赵石虎统治期间佛教在北方就得到了很好的推广与传播，随着各地战乱的不断发生与延续，期盼和平的百姓更加虔诚地信奉佛教，以求获得解脱。到了南北朝时期，佛教已经在中国大地遍地开花。不仅仅是在北朝的发展，“南朝四百八十寺，多少楼台烟雨中”也是南朝真实的写照。并且，不仅仅是百姓信奉佛教，很多统治者也加入到佛教徒的行列，甚至身先士卒地护持佛教。不过也有统治者是反对佛教的，这一时期，最典型的代表算是北魏太武帝和北周武帝，他们认为要想一统天下，必须认同汉族文化，推崇儒家文化或道家思想。而当时佛教被认为是“胡神”，统治者一是想表明自己非“五胡”之列，二是为了巩固自己的统治。佛教的迅速发展，使得寺院已经成为地方势力；僧人快要成为地主阶级，当宗教的发展与国家机器的运作发生冲突时，必将得到削减。中国历史上一共发生过三次比较大的灭佛事件，加之后来唐朝唐武宗灭佛事件，巧的是这三位皇帝的谥号或庙号都带有个武字，因此后人并称为“三武灭佛”。后来宋代宗颐禅师为此做过检讨：“天生三武祸吾宗，释子回家塔寺空，应是昔年崇奉日，不能清检守真风。”从此也可以看出民族大融合不仅仅是杂居、通婚，或者语言的融合，更深层次的还是思想的融合。“儒道释”承载着中国人思考问题的基因密码，而融合的过程就是这种遗传基因的生成史。不过，当时大部分统治者还是推崇佛教的。毕竟，乱世之中佛教是最好不过的救世镇痛剂，也是安抚百姓的一剂良药。

邺城长期作为北朝的统治中心，成为全国的政治、经济、文化中心，同时也是北方地区最大的佛教传播中心，邯郸一带都成了佛教的主要活动地区，教徒遍及各个阶层。特别到了东魏、北齐统治时期，已经将佛教奉为国教，特别是北齐的高洋和高纬大兴佛教，再次把佛教推向顶峰。据相关资料显示，当时全国有寺庙约四万座，僧尼约三百万人，占全国人口的七分之一还多。仅邺城及周边就有僧尼八万人，寺庙近九百座。这些数据的准确性无法考证，但是后来考古的不断发现，从侧面印证了当时佛教的繁荣。

北齐信奉佛教，并不是口头宣传，而是真金白银地修建宗教工程（不惜消耗国力）。并且工程数量之多可以用佛教文化带的系列工程来形容。北齐当时以邺城为都，以晋阳（今山西太原附近）为陪都。由于统治者需要经常往返于两大军事、政治中心，为了沿途可以避暑游玩、休憩住宿，同时也为了进一步宣扬佛教、笼络巨僚，便不惜花费大量的人力、财力、物力，在沿途风景秀丽、石质优良的要道上开凿石窟、建造寺庙、营建宫苑，形成了皇家行宫与拜佛传教的据点。若将这些据点连接起来，在邺城与晋阳之间便形成了以佛教为主题的北齐文化带，非常壮观。邯郸域内的主要工程就包括南响堂山石窟、北响堂山石窟、娲皇宫石窟、水浴室石窟、清泉寺、定晋岩禅果寺等。其中以响堂山石窟与娲皇宫石窟对后世影响最大，响堂山石窟为北齐时代最大的石窟雕塑艺术宝库，工期漫长，直到北齐灭亡工程还没有彻底完工。慢工出细活，北齐时期的石窟文化及佛像具有非常高的审美价值与文化价值，著名历史学家范文澜在《中国通史》中曾经说：“北响堂大佛洞可与龙门、云冈等诸大窟相媲美。”另外，响堂山石窟开创了中国或者说世界佛教刻经的先河，是中国佛教刻经文化的源头。这些“会说话”的石窟直到今天，仍然可以作为我们肉眼可见的历史（虽然经过岁月的洗礼，且盗贼、侵略者、文物贩子都曾对此进行过破坏）。亲眼见过的人，都会被当年的佛教文化所震撼！北响堂山石窟现在隶属于邯郸市峰峰矿区管辖，娲皇宫隶属于涉县管辖，均成为邯郸市著名的旅游景点。石窟文化也成为邯郸的十大文化脉系之一。

不仅地上文物可以证明，地下文物考古成果同样可以说明问题。2002年，考古工作者在邺城南郭城区的赵彭城村发现了北朝佛寺塔基遗址，这是迄今为止发现的中国古代最高级别的佛寺遗址之一，据专家推

响堂山石窟外景

测，这座方形木塔的复原高度将近百米，可见当时佛教建筑建造技术已经非常高超。2012年，考古工作者在邺城遗址东郭城区北吴庄抢救性发掘了一处佛教造像埋藏坑，出土了北魏至唐代造像2895件（块），这是

响堂山石窟佛像

新中国成立以来，迄今为止出土佛教造像数量最多的一次发现。这批造像工艺精湛，造型精美，题材丰富，充分展示了北朝晚期邺城作为北方地区佛教艺术中心的地位。这些文物现完好地收藏在邯郸市临漳县的邺城考古博物馆和邺城博物馆内，具有极高的欣赏、研究价值，其中许多佛像的雕刻形式都是邺城独有的，比如龙树背屏式、三维立体镂空式等佛像雕刻形式都是独一无二的。

考古的发现也许只是管中窥豹，看到的只是当时佛教繁荣景象的冰山一角。探究邯郸故事，才发现邯郸佛教历史具有巨大的文化价值。南北朝时期是我国佛教进入兴盛发展的时期，各种佛教学派应运而生，据相关学者不完全统计，当时，佛教学派至少有十几派，例如毗昙学派和俱舍宗、涅槃学派、摄论学派、成实学派、地论学派、三论学派、十诵律学派、四论学派、四分律学派、楞伽学派、净土学派等。这些学派虽然各有师承，但在宗法上并没有严格的谱系关系。各学派的人员可以自由、灵活流动，一名教徒可以参加不同学派的讨论与学习，各学派的理论也是相对开放的，这是一个佛教内部百家争鸣的时代。但是南朝和北朝在佛教的宣传、推广、传承和发展等方面还是有所区别的：南朝更重注理论，而北朝更注重实践。南朝的译经事业，在中国佛教史上占有重要地位，无论是译经卷数或其范围，都相当可观。北朝佛教的发展与政治间的关系更加密切，北朝民族起自北方沙漠地带，人民性多质朴粗犷，对佛教的信仰则多偏于祈福行善；官方则重视佛教事业功德的表征，比如石窟、经刻、塑佛造像等行为都属此列。

北朝更重视实践修行的禅、净、律三门。在禅修方面，有佛陀传慧光、僧稠以及菩提达摩传慧可等二系，净土则以昙鸾为主，律学有道覆、慧光的四分律一系。说起理论与渊源高深莫测，那么就来探究一下当时重要的佛教人物及故事吧，详细诉说一下菩提达摩传道慧可的传说。

达摩祖师，了解一些佛教文化的中国人应该都知道，很多绘画、雕刻、文创作品都会以达摩祖师形象为创作内容，他是一位瘦瘦的智慧高僧的形象，并非中国人，而是天竺人，南北朝时期来到中国传播佛法，被尊为中国禅宗初祖。他的“诸佛心为宗” 理论具有划时代的开拓意义，是禅宗“不立文字，教外别传”的开宗立派宗旨。达摩以壁观参禅，据说他在达摩洞曾闭关参禅九年之久。后将达摩参禅悟道的宗派发展为我们本土佛教的禅宗，因此称达摩为中国禅宗之源，也被称为一祖。那么二祖是谁？就是与邯郸有深度法源的慧可禅师。慧可向达摩问道、得法的共案，是禅宗非常著名，且惊心动魄的故事。

被誉为“网红”的佛造像

一日，慧可不辞辛苦来到达摩洞拜师学法。然而，达摩观壁参禅，根本不予理睬。慧可并不气馁，于是他每天都来到洞前侍立等待。一晃到了滴水成冰的冬天，慧可照旧每日前来等待。突然一日天气突变，刮起刺骨的寒风，飘起鹅毛大雪，慧可依然一动不动地站立风雪中。等到天亮之时，厚厚的积雪没过了他的膝盖。这时，达摩才转过头来问道："你久立雪中，当求何事？"慧可说："惟愿和尚慈悲，开甘露门，广度群品。"达摩却说："诸佛无上妙法，是天长地久，行难行之事，忍难忍之情，累世勤奋，旷劫精进而修得的。你凭着这么一点点小小的恭敬、小小的殷勤，就想得到？若想得我心法，除非天降红雪！"慧可为了表达自己求法的决心，毅然抽出戒刀，斩断自己的左臂，从慧可断臂伤口喷涌而出的鲜血染红了雪地，宛若真的天降红雪一般。达摩被慧可的虔诚所感动，终于收下慧可为徒。这个故事听起来有一些恐怖，但千百年来，这一公案一直为宗门津津乐道。因为，慧可决然断臂求法，代表了中国僧人舍身求法的精神，崇高且神圣。

二祖与一祖达摩面壁参禅不同，二祖开创了禅宗讲经说法的先河。二祖慧可学成以后，来到了当时作为北方佛教传播中心的邺城一带弘扬禅法，他在这里度过了四五十年光阴，最终圆寂并安葬在今邯郸市成安县内。二祖慧可口才极好，每次开坛论法都能得到一批信徒的支持，甚至当时很多有名高僧的徒弟都转师向慧可学习。也正因为如此，慧可得罪过许多势力极大的僧人。慧可意志力超乎常人，任何磨难于他而言早已置身事外，也许这也是他长寿的秘诀。二祖慧可107岁高龄的时候（已经是隋文帝开皇十三年，公元593年），来到今邯郸成安县内匡教寺，仍然可以开坛讲经说禅，寺院东侧筑起一座高台，即说法台，这里成为当时成安百姓的精神家园。由于二祖慧可所阐扬的禅法通俗易学，别具一格，故而"道俗归仰，不可胜数"。与此同时，成安匡教寺西

新建的匡教寺（局部）

边，有一所名为圣山寺的大寺。这座寺院的住持辩和（也有资料说其为匡教寺僧人），正在匡教寺讲《涅槃经》。自然而然，两场讲座形似“对台戏”。原来追随辩和的学生纷纷转向慧可处听法，他自然很难堪。于是，辩和“护法”心切，对成安县令翟仲侃说：“邪见道人，打破讲习，乱坏佛法，诳惑百姓。”于是翟仲侃不问事由，将慧可缉拿入狱，并于三月十六日处死，抛尸漳河。慧可的遗体逆流而上，漂到了漳河上游的芦村，人们将之打捞上来，安葬于村旁。此后，芦村改名为二祖村，其名一直沿用至今。

这些生动的故事并非传闻，如果对宗教文化感兴趣，今日来到邯郸临漳县（古邺城）、成安县仍然可以听到关于二祖慧可动人的传说和观看历史留下的诸多印记。

南北朝时期的佛教文化对之后隋唐时期佛教文化的鼎盛起到了抛砖引玉的作用，甚至有些佛造像的雕刻艺术水平超过隋唐。不仅如此，还促进了雕刻、建筑、绘画、书法等艺术的发展，客观上提高了中国人的审美水平。还是以邯郸市域内的现存和出土的文物为例，例如皇家石窟——响堂山石窟和东吴庄出土的佛造像，雕刻的形体匀称、敦厚结实，表现出少数民族的强健和豪迈，特别是北齐时期的佛造像面容祥和、丰满，高鼻长目，似乎从侧面体现了当时皇家成员的高颜值。服饰简洁明快，端庄大气，线条流畅。衣纹轻薄疏简，紧贴身躯，有较强的质感。另外，宝坛、莲座、背光等细部都用深浅浮雕刻出多种繁缛而极富变化的图案纹样，诸种纹样配置得宜，密而不乱，产生浓烈的装饰效果。构造的合理性、佛造像开脸的美观性、体态的协调性、服饰的流畅性、细节的精美性……共同构成了北齐佛造像艺术高超的统一性。

隋唐时期的沧桑变化

北周灭北齐后，占领了邺城，成功统一了北方。然而好景不长，北周后期皇族势力衰落，外戚势力不断壮大。公元581年，作为曾经是皇上老丈人的杨坚通过“执国政”“交内室”“废幼主”夺取了政权，并美其名曰“禅让”，北周成为南北朝时期最后一个北方王朝。杨坚建立了隋朝，史称隋文帝。从此，中国历史即将翻开崭新的一页，进入第四个大一统王朝时期。

外戚夺权，必然会引起北周贵族们的不满，其中表现最为强烈的要数宇文泰的外甥、北周名将尉迟迥。尉迟迥在邺城起兵，公开要与杨坚决一死战。邺城再次成为战场，这次交战也成为隋末乱世前中国北方的最后一场恶战。由于邺城城池太过坚固，加之尉迟迥善于用兵，所以隋军攻城不下，损失惨重。双方僵持两个多月，最终尉迟迥胳膊拧不过大腿，见大势已去，兵败自杀。杨坚夺取邺城后，一气之下，命人烧毁邺城，以防止割据势力再次反攻。相传，大火足足烧了三个月，六朝故都就这样毁于一场大火。都说水火无情，可此次大火无情却源于人心无情。百姓被迫搬迁、流离失所，邺城伤痕累累，触目惊心！无独有偶，几年以后，被称为邺城“镜像城市”的建康（今南京）也遭受如此悲惨的结局。公元589年，隋朝大军攻破建康城，捉住陈朝皇帝陈叔宝，南朝陈灭亡。于是隋军故技重施，再次摧毁六朝故都建康。多少宫殿府第、亭台楼阁全部被夷为平地，辟作农田；多少百姓流离失所，无家可归。自公元229年东吴孙权定都建康之后，建康先后成为东吴、东晋、宋、齐、梁、陈六朝都城，作为南朝的政治、经济、文化中心，当时是世界上最大的城市，是世界上第一个人口超过百万的城市。隋文帝杨坚只因自己的政治意图，一下摧毁两座故都，多少年的华夏文明被毁于一旦，历史物质文化遗产遭到史无前例的人为破坏。

之所以说南京城与古邺城互为“镜像城市”，只因这一南一北两座古都在历史上极为相似，都因三国时期两大政治集团进行建设得以发展，在南北朝时期各自成为南北方的政治、经济中心，就连被毁的宿命

都惊人的相似，且毁于一人之手。

邯郸的物质文化文明随着邺城的摧毁，再次遭到毁灭式的打击。邯郸城由于北方的频繁战乱，早已繁华不在。加之隋朝时期行政制度推行三省六部制，加强中央集权的做法，只能是发展和巩固国都的地位，因此大兴城（后唐朝的长安城）得以大兴土木。那么，邯郸在隋唐时期又将迎来哪些发展机遇呢？历史上又将有哪些人行走邯郸道？

到了隋炀帝时期，实行双都城制，东部选择洛阳为都。为了加强政治中心与经济中心相连，南方的粮食只有运到北方才能够支援军事的供给。于是隋炀帝大胆构想，能否打通南北相连的交通大通道？那个时代，运输效率高，成本低的当属水运。而中国古代很早就有利用自然水源、修筑人工运河、灌溉农田和进行运输的历史。春秋时期就有记载，吴王夫差为了军事需要，就在长江与淮河之间开凿了一条运河，名叫

邯郸今日运河俯视 1

“邗沟”。之前，我们也曾提过曹魏时期，曹操为了军事需要，大规模地修建运河，例如白沟、泉州、平虏、新河等运河。到了两汉至南北朝时期，又相继修建了众多运河河道。可这些地方性或区域性的运河只是在各自的行政范围内发挥着作用，并未形成统一的水系。不过，客观上却成为隋炀帝开凿京杭大运河的基础。京杭大运河直通北方的涿郡（今河北省涿州市）和南方的余杭，南北蜿蜒长达三千多里。将钱塘江、长江、淮河、黄河、海河五大水系连接起来，不仅成为中国南北交通的大动脉，而且将中国的文明连接在一起。加强了南北的物质与文化的交流。有人甚至评价说，大运河的价值远远超出长城。可以说，这条大动脉是中国封建社会后半期的生命交通线，其漕运维系着所有政权的兴衰，也影响着许多城市的发展。

说到水系影响城市的兴衰，在今日的邯郸，就不得不提一个地方，

那就是大名县。大名古城就是一座典型的因水而兴、因水而衰的城市。大名城其实始建于前燕时期，西汉高祖时期才在此建县。隋唐大运河开通以后，正好路经此地，从此大名（隋时期大名称为武阳郡）得到空前发展。俗话说“要想富，先修路”，运河作为古代的“高速公路”，带给大名无限的发展潜能。到了盛唐时期，大名府已经发展成为地理位置优越、交通便利的政治军事重镇和商品贸易中心。唐高祖武德四年（公元621年），又将此地改名为魏州，经过唐朝“贞观之治”“开元盛世”的继续发展，到了天宝年间（公元742—756年），大名人口已经达到110多万，成为当时中国著名的大都会。当时大名繁华到什么程度呢？不必想象，从诗仙李白的作品中便可得到答案。当年仙气十足的李白沿运河游历时，途经大名（当时的魏州）时，有感而发：“魏都接燕赵，美人夸芙蓉。淇水流碧玉，舟车日奔冲。青楼夹两岸，万室喧歌

邯郸今日运河俯视 2

钟。天下称豪贵，游此每相逢。”当地一片歌舞升平、万世太平的祥和景象。不得不羡慕当时大名古城的百姓，赶上了中国大一统时期，生活在一个相对稳定且国家繁荣昌盛的时代，没有像古代邯郸城和邺城百姓那样饱受战乱的疾苦。

其实，在唐朝武则天执政时期，大名（魏州）也面临过一次比较大的战争危机。那是公元696年的秋天，契丹一部落攻陷冀州，河北震惊。武则天急调狄仁杰到大名（魏州）任刺史，抵挡契丹的进攻。狄仁杰到达大名后，并没有组织练兵，准备应敌。而是反其道而行之，让老百姓休养生息，他遣散了民众，城门四敞大开，清扫街道，城里城外井然有序。契丹一看，担心有诈，反而不敢进攻，并连夜退兵。狄仁杰巧施空城计，不战而屈人之兵。其气度与勇气不亚于当年的诸葛孔明，功劳甚至要更胜一筹。使得大名百万人民免遭一场战火的杀戮和洗劫，更使大名免遭了摧毁的风险。大名百姓感激万分，无以言表，于是为报狄

狄仁杰祠堂碑

公恩德，于公元698年为其建造生祠和祠堂碑。生祠，顾名思义，就是为活人建造的祠堂，而常见的祠一般用来纪念逝者的，为活人建造祠堂在明清之前是并不多见的。可见，百姓对狄仁杰的爱戴之情。如今，在邯郸市大名县依然可以见到当年百姓为狄公所立的祠堂碑，此文物经历千年，依然在向世人述说着狄仁杰为官智慧的佳话。与此碑流传千年的还有一种美酒，名叫“滴流酒”，此酒名取谐音意，原意为“狄留酒”。传说狄仁杰因工作调转离开大名时，百姓十分不舍，于是将送行酒命名为“狄留酒”，希望狄公能够继续留在大名。俗话说“雁过留声、人过留名”，狄仁杰确实做到了！

其实，唐朝时期很多历史著名人物都曾在邯郸这片土地上留下过足迹。特别是唐代的诗人们，他们喜欢咏史，喜欢借咏古人抒发自己的胸怀。而邯郸深厚的历史底蕴恰恰给了这些读书破万卷、深谙历史典故的诗人以无限的诗思。如李白、杜甫、王昌龄、岑参、高适、白居易等人都到过邯郸，因此留下了不少精品佳作。可当时除了大名城因水而兴、比较繁华外，邯郸大部分地区已经非常衰败了，所以来过的人并没有好的体验。

李白曾来过邯郸两次，从他的诗句中，能够感受到他对邯郸赵文化的浓厚兴趣和神往，也写出了邯郸人热情好客的民风民俗。同时，吊古伤情，在李白的诗中也不免读出了一种伤感，这种触目惊心的伤感来自于理想与现实的巨大差距。邯郸繁荣不在，物是人非，无数的悲欢离合、无数的慷慨悲歌，只有历史的浩气长存。

侠客行

赵客缦胡缨，吴钩霜雪明。
银鞍照白马，飒沓如流星。

十步杀一人，千里不留行。
事了拂衣去，深藏身与名。
闲过信陵饮，脱剑膝前横。
将炙啖朱亥，持觞劝侯嬴。
三杯吐然诺，五岳倒为轻。
眼花耳热后，意气素霓生。
救赵挥金槌，邯郸先震惊。
千秋二壮士，烜赫大梁城。
纵死侠骨香，不惭世上英。
谁能书阁下，白首太玄经。

《侠客行》是李白著名的一首诗，里面提到了“赵”、提到了“邯郸”，可写这首诗的时候李白还没有来到邯郸，只是凭着对赵文化和邯郸的憧憬，想象着写出来了这么伟大的作品。八年后，天宝十一载（752年），也就是李白被贬出长安八年后，他才来到了向往的邯郸城。此时李白不是单单游历祖国河山，而是来探望他在邯郸的侄子和弟弟。他先后到过清漳（邯郸广平县）、临洺（邯郸永年区）探亲，曾到邯郸城楼览古，并在春日游览了罗敷潭，八月上洪波台观发兵，还在邯郸南亭观妓（歌舞），在邯郸待了大半年。第二年春天又到魏郡贵乡（邯郸大名县）访友。李白的邯郸之行堪称是一次“诗旅”，给邯郸留下了宝贵的文化财富。下面这首诗就是其中非常著名的一首。

自广平乘醉走马六十里至邯郸登城楼览古书怀

醉骑白花马，西走邯郸城。扬鞭动柳色，写鞚春风生。
入郭登高楼，山川与云平。深宫翳绿草，万事伤人情。

相如章华巅，猛气折秦嬴。两虎不可斗，廉公终负荆。
提携袴中儿，杵臼及程婴。立孤就白刃，必死耀丹诚。
平原三千客，谈笑尽豪英。毛君能颖脱，二国且同盟。
皆为黄泉土，使我涕纵横。磊磊石子冈，萧萧白杨声。
诸贤没此地，碑版有残铭。太古共今时，由来互哀荣。
伤哉何足道，感激仰空名。赵俗爱长剑，文儒少逢迎。
闲从博陵游，畅饮雪朝酲。歌酣易水动，鼓震丛台倾。
日落把烛归，凌晨向燕京。方陈五饵策，一使胡尘清。

这首诗包含的信息量特别大，首先我们通过这首诗了解了李白当时的写作状态，是在一个春风拂面、杨柳青青的一天，他如往常一样喝醉了酒，在从广平县到邯郸城的路上骑着白花马记录着自己的所思所想。其实，按理说春天里，又美美地喝了顿酒，李白的心情应该是非常愉快的。可当李白看到此时的邯郸城繁荣不在，又想到这块土地上曾经发生的历史故事，许多历史上的大人物“皆为黄泉土”“诸贤没此地，碑版有残铭”，不禁“使我涕纵横”。可是作为生性乐观的李太白，转而又收起了自己的伤感情绪，又设定了新的出发目标“日落把烛归，凌晨向燕京”。

李白的这首诗里面引典非常多，包含了许多邯郸的历史故事，如果对邯郸的人文历史不太了解的话，理解起来还是有一定难度的。可见李白是对邯郸的历史文化已经非常了解，并且能够内化于诗了。

提到诗仙李白，就不能不提诗圣杜甫。其实，杜甫比李白更早来过邯郸。“更早”有两层含义，一方面是从历史纵向的时间看，杜甫大概在公元732年左右曾游历在齐赵大地间，而李白是在公元752年来的；另一方面从年龄上看，李白大概在五十岁左右来的邯郸，而杜甫是在二十岁青年时期来的邯郸。所以杜甫留给邯郸的诗感觉也非常具有青春的活力，在杜诗《壮游》中他写道："放荡齐赵间，裘马颇清狂。春歌丛台上，冬猎青丘旁。"虽然杜甫当时的诗句是富有活力的，但是也不难看出邯郸已经破败的景象，连丛台周边都已经成为打猎的地方了。不过，也正是因为邯郸让我们看到了不一样的杜甫，此时的他还不是那个忧国忧民、在茅草屋里哀怜的枯瘦小老头，邯郸人见到的是他风流倜傥的少年模样。

与李白、杜甫同时期的王昌龄也曾来过邯郸，同样有诗为证："邯郸饮来酒未消，城北原平掣皂雕。"（《邯郸少年行》），诗中得知边塞诗人王昌龄也是在邯郸喝了不少呀！虽然王昌龄当时因为什么饮酒、与谁共饮不得而知，但是可以肯定的是邯郸的酒文化可谓自古有之！

作为李白的好友高适也曾在邯郸道上潇洒走一回，诗云："拂衣去燕赵，驱马怅不乐。天长沧洲路，日暮邯郸郭。"边塞诗人的确雷厉风行，拂衣而去的潇洒与决绝表现得淋漓尽致，但是心事重重的诗人一路惆怅，在车马很慢的唐朝居然一日跨燕赵。车马劳顿，他来到邯郸已是日暮时分，估计当时衰败的邯郸城趁着夕阳，更增添了诗人的惆怅吧！

这边高适的惆怅心情还没有平复，另一位边塞诗人岑参也来了。他自述道："客从邯郸来，驱马邯郸道。伤心丛台下，一带生蔓草。"（《邯郸客舍歌》）岑参的情绪比较直接，睹物思人，吊古感怀，直接道出了自己的伤心。丛台虽然生蔓草，可守着邯郸道沽酒的女儿仍在，于是以酒安神的岑参"酩酊醉时日正午，一曲狂歌垆上眠"。

如果说"醉时日正午"表达的是伤心，那么一夜未眠又表达怎样的心境？且看重情重义的白居易："邯郸驿里逢冬至，抱膝灯前影伴身。想得家中夜深坐，还应说著远行人。"（《邯郸冬至夜思家》）据考证，这首诗作于唐德宗贞元二十年（公元804年）岁末，其时诗人三十三岁，任秘书省校书郎。显然，此时与盛唐时期相比，安史之乱后的邯郸愈加破败，以至于一向以浪漫著称的白乐天也无处遣怀，只能在馆驿中对灯枯坐，感到“每逢佳节倍思亲”了。

当然，还有许许多多的唐朝诗人曾来过这里，张说、张籍、王建、马戴、罗隐、温庭筠……他们路过这里，暂住这里。他们留下了足迹，更为邯郸留下了故事，这就是人与城市的互动、交融与共生。

大唐一梦与梅开二度

唐朝是我国历史上灿烂辉煌的朝代，邯郸虽然在大唐盛世中并未脱颖而出，可凭借着悠久的历史魅力和得天独厚的地理位置，也吸引着文人骚客会集于此。不仅仅是诗人，还有形形色色的过客。久而久之，留下了许多动人的传说和故事，这些故事许多带有传奇、神秘和虚幻的色彩，通过故事中主人公的不同遭遇，发人深思、感悟人生、给人启迪……这些传说渐渐地形成了文化，融入了邯郸历史的一部分。

相传，开元年间有位叫卢生的青年，旅途经过邯郸，准备住店、吃饭。恰巧，作为八仙之一的神仙吕洞宾也住在这家酒店里，于是二人共席而坐。不过，此时卢生并不知道吕洞宾是神仙，就如结识一位新朋友一般与他聊天。卢生同吕翁谈话之间，连连怨叹自己穷困的境况诉说对现状的不满意。吕洞宾见状说："观子形体，无苦无恙，谈谐方适，而叹其困者，何也？"意思就说，看你没病没灾的，为什么感叹呀？卢生回答说："士之生世，当建功树名，出将入相，列鼎而食，选声而听，使族益昌而家益肥，然后可以言适乎。吾尝志于学，富于游艺，自惟当年青紫可拾。今已适壮，犹勤畎亩，非困而何？"总之，就是吐槽自己怀才不遇，贫困不得志的现状。吕洞宾便从行李中取出一个枕头来，对卢生说：“你枕着这个枕头睡，就可以获得荣华富贵。”这时，店主人正在煮小米饭，开饭尚早，卢生就枕着这个枕头睡着了。在梦里，他娶了清河崔府里一位富贵而美丽的小姐，然后又考中进士，官至户部尚书兼御史大夫，虽然受人陷害，但数年后冤情得以清白，又官至中书令，封燕国公。他生了五个儿子，都和名门望族结了亲，而且也都做了大官。此时，家族良田、甲第、佳人、名马不可胜数，且儿孙满堂，福禄齐全。他一直活到八十多岁才寿终正寝……美梦结束，卢生睡醒了。如此真实的生活原来是一场梦呀！而此时店家的小米饭还没有煮熟。所以，便有一成语“黄粱美梦”。卢生在亦真亦幻之间顿悟，领会了宠辱之道、穷达之运、得失之理、生死之情，于是拜辞吕翁而去。

“黄粱美梦”这个惟妙惟肖的传奇故事，来源于唐代沈既济的小说《枕中记》，作为成语亦作“黄粱梦”“邯郸梦”“梦黄粱”“邯郸幻影”“梦断邯郸”“梦里荣华”等，这个故事对邯郸历史文化乃至对中国文学、哲学、宗教产生了深远影响。

这个故事看似离奇、虚幻，更像一个神话故事。可里面蕴含了一定的哲学思想，表现了中华民族对于美好事物的向往和执着追求，更教育人们要想得到真正的荣华富贵，必须靠自己的双手去努力去创造。也有人说这个故事提倡“无为而治”的消极思想，可不要忽视了正是故事主人公的诉求引起了百姓的共鸣，主人公能够得到神仙指点迷津的境遇更让普通百姓羡慕不已，所以故事才能流传至今。不仅如此，它还有更深层次的文化意义。

其实，沈既济的《枕中记》本身就具有开创意义，我们都说中国的小说兴盛于明清，而《枕中记》证明我国的小说至少从唐朝时候就已经很成熟了，只不过大唐朝的诗歌在文坛占有更广阔的空间。即便如此，自《枕中记》问世以来，这个梦一再被人续写改编，唐代有《南柯记》，宋代有《南柯太守》，元代有马致远的杂剧《黄粱梦》，明代有汤显祖的《邯郸记》，而清代蒲松龄的名著《聊斋志异》中也有《续黄粱梦》，甚至这个梦对千古名著《红楼梦》也产生了深刻的影响。后世记载关于黄粱梦的诗词，据不完全统计就有二百首左右。其中，包括著名的诗人王安石、范成大、冯梦龙……可见，由于邯郸黄粱一梦，启迪了后人对梦文化的延伸。

“做梦”是人的本能，每个人都有体会，不一定每个人都能做“黄粱美梦”，可每个人一定有一个自己印象深刻的梦。梦是抽象的，也是具体的；梦是个性的，也是可以归类的。我国其实很早就有关于梦的研究，从最早的“周公解梦”，到春秋时期的“庄周晓梦”，无不扮演着心理学的责任担当和深刻的哲学思考。不仅我们中国人会做梦、会研究梦，西方人也一样，他们对梦也有着不解与好奇。奥地利心理学家西格蒙德·弗洛伊德于1899年出版了《梦的解析》一书，轰动一时，至今堪称心理学理论巨著。

研究梦的人很多，关于梦的传说和作品也很多，但是，能够承载梦文化的地方却只有邯郸。当然，不仅仅因为一个“黄粱美梦”，而是“黄粱美梦”仅仅是邯郸梦文化的开始。“黄粱美梦”流传到宋代，依然具有很高的价值，所以宋朝伊始就根据《枕中记》的描写，建造了黄粱梦吕仙祠，里面供奉吕洞宾和卢生，属于我国道教的宫观和道场，后世元、明、清各朝各代对此都有所修缮和扩建。其实，从人文的角度想想，真的很神奇，一个梦，一部文学作品，竟然有如此大的魅力。能够因为一个梦而衍生出许多文学作品，能够因为一部文学作品而建造一座道观，能够因为一座道观而改变人们的行为方式，因为人的行为方式又循环到对文化的研究……这不仅仅是一个梦，而是一个梦想。世界上因为文学作品而著名的地方、建筑不胜枚举，滕王阁、岳阳楼、黄鹤楼、乌衣巷、橘子洲……可那是因为作者先看到了美景、建筑，而后才产生了文学作品。像邯郸黄粱梦吕仙祠这样，直接将文学作品变成建筑的却不多见。黄粱梦吕仙祠历经千年，至今依然坐落在邯郸市北黄粱梦镇（黄粱梦的地名据说自唐朝末年流传至今），是中国北方规模最大和保存状况最好的道教宫观之一。现属黄粱梦景区，内设“名梦馆”，是中国“梦文化”唯一的物质载体，也是中国唯一以梦文化为主题的景区。这里在1982年入选河北省重点文物保护单位，2013年入选第七批全国重

黄粱梦吕仙祠内卢生造像

点文物保护单位。为此，邯郸也将梦文化定义为邯郸十大文化脉系之一，因此也被海内外人士誉为“美梦之乡”。

梦文化涵盖历史、心理、生理、民俗、宗教、文艺等领域，具有神秘的特性。据《邯郸地区民俗辑录》一书中记载，黄粱梦吕仙祠在那些科学技术不先进、经济文化落后的年代发挥了许多民俗、心理、宗教、文艺等方面的作用，为邯郸的文化交流、人文活动提供了精神场所。比如里面记载着丰富多彩的庙会场景。黄粱梦一年有四次大庙会，分别是正月初十“拾子儿会”、四月十一“遇神仙会”、六月二十五醮会和十月十三是物资交流会。每个会都有自己独特的主题，但是要数“遇神仙

黄粱梦景区全貌

会”最为热闹，老百姓认为神仙就混在众生当中，所以那一天对待任何人都要友善，因为无法判断对方是不是“神仙”，即便是乞丐在“遇神仙会”上也会受到优待，收入可观。而且“遇神仙会”一般要唱三台大戏，以“平调”“西调”“豫剧”三个剧种居多。另外，还会有长长的秧歌队表演，场面非常热闹……这样的民俗活动虽然有封建迷信的落后因素在里面，可作用却不是消极的，老百姓在庙会上增加了交流，文化活动也更加丰富了，即便是迷信活动也不过是表达老百姓对美好生活的向往，回家照常过日子，还是会积极地面对生活。

别说老百姓会有生活上的困惑，皇亲国戚、达官贵人也是一样。传说，1901年光绪和慈禧从西安回北京时下榻邯郸，到黄粱梦吕仙祠解惑，其实就是参与一下当时流行的占卜活动——扶乩，得乩语：“胡儿不必记冤仇，前人拆庙后人修。纵然踢翻龙书案，再问还是二八秋。”慈禧听后不悦，心傲气盛，没有让解释就走了。后得以验证，二八秋就是十年，从1901年到1911年清朝灭亡刚好十年。

相传，少帅张学良也到黄粱梦吕仙祠扶过乩，得乩语：“春去夏来冬复秋，劝君莫要问根由，真主就在中原地，西北群星保八牛。”当时张学良对于“剿共”的态度很犹豫，从乩语中分析，认为八牛是指朱德的朱字，从此他对“剿共”有了新的看法。

上面两个小故事都是邯郸老辈上口口相传下来的，具体细节的真实性无法考证，但是慈禧和少帅张学良的确来过邯郸。无论这个故事是否属实，无非是老百姓想表达对黄粱梦吕贤祠的敬畏之情。这也体现了邯郸老百姓的文化内涵，乩语中不仅深藏玄机，还能合辙押韵，对仗工整，无疑也是一种文化的体现。

说了邯郸黄粱梦吕仙祠，我们再来看看邯郸另一个著名景点武灵丛台在唐朝发生的故事。相传在唐肃宗年间，在朝做官的陈东初家有株梅花树，时当花期，正喷香吐艳。忽一日，无缘无故，那梅花树的枝儿蔫了，花儿落了。为何无风无雨花自残，陈东初的千金陈杏元大惑不解。也在这一日，陈东初差人送来一位书童。这书童聪明伶俐，才貌超人，后来得知，他原是被奸臣残害的忠良之后，名叫梅良玉。原来，梅花自败是象征梅良玉的悲惨身世。这不禁使善良的陈杏元内心里萌生了一种难以名状的感情。其实，梅陈两家本是至交，自此梅良玉和陈杏元二人就以兄妹相称。经过相处，两个年轻人慢慢产生了感情，陈东初索性就将女儿陈杏元许配给了梅良玉。这个消息被奸相卢杞得知，想要拆散二人的姻缘，于是奏明皇帝，建议封陈杏元为御妹，到北邦沙陀国和亲，解边关之患。无奈两个年轻人就这样被拆散了。邯郸在唐朝属于边陲要塞，凡去北邦的人，都会登临古赵武灵丛台，与亲人告别。尚未完婚的梅良玉和陈杏元，也含泪来到丛台之上，二人痛哭流涕，互表忠贞。陈

丛台公园内“二度梅”雕像

杏元泪别梅良玉，凄凄惨惨走出国境，在路过一处悬崖时，伤心的陈杏元闭眼纵身跳下。可天无绝人之路，她神奇地被一位善良的老妇人救走并收为义女。无巧不成书，梅良玉在丛台与杏元分别后，几经波折，恰巧也闯荡到老妇人家做了账房先生。就这样，二人得以再次相遇，他们格外珍惜这份缘分。转眼，大比之年来临，梅良玉发奋图强，金榜题名。于是他奏明圣上，为家父申了冤。皇上并招梅良玉为驸马，正式与御妹陈杏元喜结良缘。说来也巧，就在他们完婚之日，陈杏元家里那株老梅树花开二度，且艳丽无比，满园飘香……

这就是成语故事“梅开二度”的最初版本，原意就是指同一件事成功地做到两次，后来被人们引申为再次找到真爱等。无论怎样理解，结局都是美好的。可以看出这个故事内容比较丰富，情节跌宕起伏，扣人心弦。最早为邯郸民间传说，到了清朝时候被改编成小说《二度梅》，还被改编成多种戏曲唱本搬上舞台。二度梅的故事从唐朝流传至今，在邯郸可以说是家喻户晓。为此，在邯郸丛台公园的南面特设有“二度梅园”，占地千余平方米，东、西依湖傍水，南对春歌亭，北与丛台隔桥相望。园内还设有“二度梅”的雕像，是一对情人相对的形象，重现梅良玉与陈杏元当日在丛台依依惜别的情景。在丛台据胜亭门楼内墙上还镶嵌着“二度梅”主题的绿色琉璃砖，上面是由著名书法家李鹤亭书写的“夫妻南北，兄妹沾襟”八个大字。

武灵丛台作为邯郸标志性建筑，历经三千年，虽然几经破坏、修建，其实在邯郸人心目中，它早已不单纯是一座建筑，更多的是一种精神寄托的家园与情感表达的场所。历史上这里可以点兵、可以歌舞、可以置酒、可以告别、可以抒怀……这里容纳着家国情怀，这里也包容着世俗感情。既有高度也有温度。

邯郸历史悠久，流传很多很多传说、故事、典故，这也是邯郸能够成为成语之乡的重要原因。不过也经常听到有人说，邯郸虽然历史悠久，可很多东西都在地下，很难直观感受到浓厚的历史底蕴。这样的观点的确说出了邯郸历史宣传的痛点，偌大的赵王城被埋在地下、宏伟的铜雀三台如今也只剩下了“残檐断壁”，北宋大名府也被洪水所掩埋……的确，建筑是展示历史的最好载体，但历史又不单纯局限于建筑。文化的传承、民俗的延续、传统的继承……非物质文化遗产更是我们文化认同的宝贵财富。这种力量正如庄子所言：“无用之用，方为大用。”

宋朝时的兴衰荣辱

唐朝末年，黄巢举兵起义，并扬言："待到秋来九月八，我花开后百花杀。冲天香阵透长安，满城尽带黄金甲。"的确，黄巢曾一度占领长安，虽后来以失败告终，但不可否认对唐王朝的灭亡起到了推动作用，从此，各地节度使纷纷独立，北方又打成一片，二十三年后唐朝灭亡。中国历史再一次走向分裂。中原地区先后建立了后梁、后唐、后晋、后汉、后周五个封建政权，中原以外的地区先后又存在过十个地方政权，称为十国，史称这段时期为"五代十国"。五代十国虽然只持续了七十三年，但是政权频繁更迭，社会动荡不安，所以说五代十国是唐末藩镇割据的继续和发展。战乱时代，又是中原人民的噩梦，那里不仅是必争之地，而且是战争的主战场。邯郸地处中原，自然也逃不出历史的安排。这个时期邯郸仍然隶属磁州，但由于五代是战乱频发的时期，所以邯郸在军事上仍然具有重要的战略地位。在后晋末年，邯郸曾遭到了契丹的严重破坏。《资治通鉴》卷284中有详细的记载：开运元年（公元944年）十二月，契丹首领耶律德光又一次率军南侵，沿太行东麓先后攻取各县。次年正月，契丹军攻克邢、洺、磁等州，并占领了战略要地邯郸。由于后晋军将领皇甫遇与慕蓉彦超率军死战，力挫契丹的兵锋，“契丹主（耶律德光）在邯郸，闻之。即时北遁”。这次战争契丹虽然败退，但这次战争对包括邯郸在内的河北地区经济的破坏程度是相当严重的，史称：“千里之外，焚剽殆尽。”这时邯郸又一次遭到了严重破坏，使本已走向衰败的古城更是雪上加霜。

古人云：“皮将不存，毛之焉附！”家园都没有了，也没有留下来的必要。于是这个时期，近一百年的战乱，又出现了第二次的“衣冠南渡”。邯郸地处中原，自然邯郸士族及百姓也在其衣冠南渡的范围之内，江南又一次成了中华文明的避难所。对于士族也许可以在城市谋官就职，可对于大多数百姓而言也只不过是逃命而已。百姓背井离乡，在哪里安身立命，还要看当地政府接不接收，还要看当地百姓接不接纳，为了争夺土地，时常也会与当地人发生冲突。这一时期衣冠南渡的距离与范围比第一次更广，不仅仅局限在长江流域，南至闽、赣。不过为了谋生，尽量避免与当地人发生冲突与纠纷，他们自称“客家人”，就像做客一样，与周围人和睦相处。居住方面一般都会结群而居，把房子修得像碉堡一样，以防止遭到攻击，后来福建出现的客家土楼就是其最好的例子。

这一时期，邯郸城几乎没有什么重要的历史时刻。而大名城（今邯郸市大名县）由于隋唐时期的建设基础还在，在五代十国时期仍然可以作为黄河以北重要的中心城市。并且在公元923年，李存勖在大名登基做了皇帝，后迁都洛阳，建立了后唐，但也未能长久。

五代十国政权数量虽多，可是谁也未能长治久安，拯救当时的乱世。最终，公元960年，后周诸将发动陈桥兵变，拥立宋州归德军节度使赵匡胤为帝，建立宋朝，史称北宋。因为宋朝结束了五代十国乱世，在疆域上局部大致统一中国，并且宋朝在文化成就上远超许多朝代，因此与当时同时存在的辽、金政权相比，宋朝被视为正统王朝。不过，必须强调一下，宋朝并不是一个真正意义上的大一统王朝。主要在疆域上看，即便巅峰时期的北宋，连燕云十六州都没有收复，更不用说更远一些的辽东了；西北方向，别说收复西域了，连河西走廊地区都被独立出去的西夏占据着；正南方向，大理也没有收复，所以宋朝并不是一个在军事上特别强势的王朝。

但是北宋时期，邯郸还是得到了一定的发展，由于邯郸地处河北省南部，所以当时并不属于燕云十六州的范畴，仍是归北宋管辖。正因为燕云十六州割让给了辽，北宋王朝为了防御大辽的入侵，必须在燕云十六州的边境布兵驻防，具体位置就在太行山脉上，当时的大名府，与沧州、河间、邢州皆被视为国土重镇，守护着北宋的政权安全。所以北宋时期大名作为省府管辖着河北路，宋仁宗执政时期，更是在大名

俯瞰大名府古城

府建陪都，名为“北京”。成为宋朝第四座京城，史称北京大名府。当然，这里的北京并不是地名，而是特指北方的京城。可以说，是北宋真正让大名府成了大城市。据记载，大名府古城既有“外城”又有“宫城”，外城周长虽然没有唐朝时的八十里，但也有四十八里之多。宫城，方圆三里，建设得相当雄伟壮丽。四大名著《水浒传》中曾对大名府进行过这样的描写称“鼓楼雄壮”，“人物繁华”，“城高地险，堑阔濠深”，“千百处舞榭歌台，数万座琳宫梵宇”，“千员猛将统层城，百万黎民居上国”……将大名城当时的繁华描写得淋漓尽致。单就宋朝，就有寇准、王钦若、吕夷简、韩琦、欧阳修等名臣在这里相继供职。《水浒传》中，蔡京的女婿梁世杰梁中书镇守于此，手下李成、杨志、索超等强将如云。《水浒传》里的卢俊义、燕青就是大名府人氏，另外《水浒传》中的“大闹大名府”情节也是发生在这里。可见，大名

今日的大名府古城

城在宋朝的历史地位之重。

可到了南宋时期，大名城被金朝统治，逐渐没落，当时大名府仍有百姓百余万人。到了明朝时，据《大名县志》记载，公元1401年漳、卫泛溢，因一场大洪水将大名古城全城淹没，使古城完整地保留在四米之下的淤沙之中。至此，大名古城的昔日繁荣毁于一旦。这就是为什么说大名城是一座“因水而兴、因水而毁”的城市，因南北运河而兴，因洪水而毁。

大名府古城遗迹现位于河北省邯郸市大名县县城东北5—12里一带，以大街、双台村为中心，东门口、南门口、铁窗口、北门口四村是故城的东、南、西、北四大城门旧址，分外城和内皇城（也称宫城），外城周长四十八里，占地面积三十六平方千米，内城周长三里一百九十八步。可见其规模还是非常大的。希望有朝一日，进行考古挖

大名府古城遗址

掘，大名城作为北宋典型的大城市，规模定会举世震动。

南宋时期，其实整个邯郸地区都在金的统治范围内，北宋疆域本不算地大辽阔，南宋退至淮河至大散关以南，更是偏安一隅。也许是被打怕了，定都在南京都不行，直接跑到了更远的地方临安（今杭州）才算安心。朝廷都跑了，老百姓更慌了，加之战乱年代的历史经验教训，于是又出现了第三次的衣冠南渡。汉族百姓、贵族又一次被迫背井离乡，这一次老百姓也被打怕了，跑的也比前两次的“衣冠南渡”更远了，甚至有跑到广东的梅州地带的，所以广东也有了客家人。据说，客家人作为独立、独特的汉族群体，全世界的数量竟然有八千多万。由于历史太过久远，无法考证这八千多万客家人中有没有邯郸后人，但肯定有河北人。汉族也好、少数民族也好，都是在历史的长河中不断地交流、融合，你中有我，我中有你，才形成了今天的中华民族。

这些南迁的统治者、贵族、百姓由于从战乱地区来到了风景秀丽、物产富足的地方，大部分很快就适应了南方的生活。有诗为证：“山外青山楼外楼，西湖歌舞几时休？暖风熏得游人醉，直把杭州作汴州。”甚至连统治阶级都不思进取，逃避战争。可有一个土生土长的南方人看不下去了，竟然想着重整旗鼓、收复失地、统一中原，这个人就是爱国诗人陆游。早年，他因受秦桧排斥而仕途不畅。后宋孝宗即位后，他被赐进士出身，才得以施展才华。可因坚持抗金，屡遭主和派排斥。后来他直接弃笔从戎，即便这样，也未有冲锋陷阵的机会，于是只能遗憾的写道：“移民泪尽胡尘里，南望王师又一年。”“胡未灭，鬓先秋，泪空流。此生谁料，心在天山，身老沧洲。”“王师北定中原日，家祭无忘告乃翁。”……

当然，不仅仅是南方有爱国青年，北方也有热血男儿。同样作为忠君报国典范的辛弃疾，就是出生在金统治下的北方。辛弃疾出生时，已经是南宋时期，北方已经沦陷，被金统治。所以辛弃疾从小就背负着祖辈的希冀，力图疗愈时代的创伤。辛弃疾文武双全且胆识过人，二十一岁时便自发组织抗金自卫队，并敢深入敌营，捉回叛徒，血气方刚，锋芒毕露。本以为自己建功立业的机会到了，他一次次上表朝廷抗金，可一回回梦想破灭。久居南方的贵族们早已习惯了安逸舒适的现状，普通百姓更是贪图安乐，南宋就这样温水煮青蛙般慢慢失去了反抗能力，变得更加羸弱与胆怯。可怜辛弃疾满身才华、浑身是胆，也只能："醉里挑灯看剑、梦回吹角连营，八百里分麾下炙，五十弦翻塞外声，沙场秋点兵。"

其实，中华民族从来不缺热血男儿，比陆游、辛弃疾更早一些的杰出代表——精忠报国的岳飞，作为战神的他曾带领岳家军数万人，自湖北出发，很快进入河南中部，连败金军，特别在郾城之战中大大挫败了金军的嚣张气焰。岳家军一路向北占领军事重镇颍昌府（今河南许昌）、淮宁府（今河南淮阳），并乘胜收复了郑州、西京河南府（今河南洛阳东）等地。岳飞还派梁兴等人渡过黄河，联合河东、河北义军，在金的后方痛击金军，收复了不少州县。这个时候南宋完全有翻盘的机会，可眼见就要越过黄河收复失地的关键时刻，不知道是宋高宗赵构的授意，还是秦桧的嫉妒陷害，总之，秦桧以"虽弄不清，但莫须有"的罪名在风波亭害死了岳飞。壮志未酬的岳飞也只能遗憾地写下千古名篇《满江红》。

怒发冲冠，凭栏处、潇潇雨歇。抬望眼、仰天长啸，壮怀激烈。三十功名尘与土，八千里路云和月。莫等闲、白了少年头，空悲切。

靖康耻，犹未雪。臣子恨，何时灭。驾长车，踏破贺兰山缺。壮志饥餐胡虏肉，笑谈渴饮匈奴血。待从头、收拾旧山河，朝天阙。

全词只提到了一个地名——贺兰山，那么这个贺兰山到底是什么地方呢？

在《光明日报》2016年07月06日09版中曾刊登一篇《岳飞〈满江红〉中“贺兰山”在哪里》的文章，里面提到不少专家、学者对“贺兰山”地理方位有所争议。清初历史地理学家顾祖禹在《读史方舆纪要》中指出，贺兰山有两处：一在宁夏中部，一在河北磁县。

宁夏为挖掘和开发贺兰山历史文化资源，宁夏地方志办公室专家曾对磁县境内贺兰山进行实地考察后，认同河北专家观点，岳飞《满江红》中的“贺兰山”就在邯郸市磁县贺兰山。

据了解，邯郸市磁县古代设州，清康熙三十九年（公元1700年）蒋擢《磁州志》记载：“贺兰山在州西北三十里。山非高俊而蜿蜒起伏长亘二十里。宋贺兰真人隐居于此，因以得名。”如今此山仍名贺兰山，在磁县城西北三十里，为太行山余脉。自古磁州乃官道要冲，历来为兵家必争之地。宋金交战时，磁州一带成为黄河北岸的军事要地。当太原陷落，真定被围时，著名抗金将领宗泽奉命驻守磁州，使这里成为河北抗金的重要防线。

“驾长车，踏破贺兰山缺”，究竟是实指还是虚指？过去一直认为词中贺兰山是指较有名气的宁夏贺兰山，曾有人以岳飞足迹未曾到过宁夏贺兰山为由，怀疑并非岳飞所作，是明人托名所作。还有人认为贺兰山是泛指而非实指，是文学上惯用的比喻手法。

宁夏回族自治区社科院原副院长、史志专家吴忠礼说：“据史料考证岳飞足迹从未到过宁夏贺兰山，而岳飞抗金活动区域就在磁县贺兰山。”据《宋史》《济源县志》《嵩山志》《磁州志》等史料记载，宋真宗于景德二年（公元1005年）召见贺兰真人，继而将“西山”易名为“贺兰山”，较岳飞诞生时间的崇宁二年（公元1103

年）早九十八年，较岳飞从戎时间的宣和四年（公元1122年）早一百一十七年。岳飞抗金活动范围以南北官道为轴，以贺兰山所在的磁州为中心，北起真定，南至黄河边的广袤地域，磁县贺兰山在岳飞北伐的战略决策中占有重要地位。

《磁州志》记载："岳城在县西南五十五里。宋建炎初年，岳武穆曾驻兵于此。"村北原有岳飞驻兵的遗址，人称"岳飞寨"。磁县的东候召、西候召、小候召三个村就是以岳家军曾在此等候朝廷圣旨而得名。《磁县地名资料汇编》中的记载："候召，位于磁州镇东部，地处冲积扇平原……相传，宋时岳飞曾为抗金名将宗泽部下，转战太行山一带，连战连捷，威名远扬，在此等候皇帝圣旨，得名候召。"民间的传说就更加生动：当年岳飞渡河北上，连战连胜，直抵真定。金兀术闻讯大惊，急召部下密谋，以重金买通奸相秦桧，让皇上一连下了十二道金牌，令岳飞班师还朝。岳飞奉诏南返，到磁州时正好是第十二道金牌。就在驿马跑送之时，岳飞就地含泪候诏，当地民众箪食壶浆，跪送义军。兵民泪眼相视，哭声载道。之后，岳飞候诏之地，改名为候召村。该村沦为金人统治区后，人们便悄悄地建起了岳飞生祠，求其保佑平安。当然，这里的细节描写均为民间传说，可民间的传说，场景逼真，更具有强大的感染力和生命力，充满了对岳飞的崇敬和怀念之情。

南宋是一个朝代，是一个时代，是一段复杂屈辱的历史……如今，人们已经不能立刻说出那个朝代有几位皇帝、皇帝的名字、庙号、谥号，但是后人清晰记得岳飞、陆游、辛弃疾这些精忠报国、舍生取义的真英雄。他们那些慷慨激昂、催人泪下、灵魂拷问的诗句，印在了中国人的课本里，刻在了中国人的脑子里，融入了中国的山河里……时代在变，但大义永不变！

磁州窑的前世今生

宋朝虽然在政治、军事方面软弱，但在发展经济、文化方面却极其擅长，历史书上学到的农商并重政策、王安石变法都发生在宋朝。宋朝商业的繁荣程度从名画《清明上河图》上即可一目了然地感受得到。商业发达，必然促进手工业的发展，所以宋朝的物质极大的丰富，不仅丰富，而且具有极高的制造水平和审美价值。其中，最典型的商品当属宋朝的瓷器。

瓷器对于中国而言，具有特殊的意义，因为中国在大多数的外文体系中称为“China”，而单词的直译即为瓷器之意。不知道“China”最早先代表的中国，还是先代表着瓷器，总之，瓷器与中国有着密不可分的关系。

瓷器有的时候也被人们称为陶瓷，其实陶瓷是两类东西，陶器与瓷器是不同的，他们的原材料和烧制温度完全不同，所以呈现出来的质感也不相同，我国陶器的历史较早，在新石器时代就有了，前文也展示过邯郸“磁山文化”出土的陶器，而瓷器最早出现在商周时期。瓷器由于高温烧制，使得器皿表面形成瓷化，所以具有更好的质感和审美价值。

瓷器经过漫长的发展过程，在南北朝时期已经有相对成熟的制瓷技术，到了唐朝时渐趋成熟，出现了白瓷和青瓷，素有“南青”与“北白”之说，除了青、白瓷之外，唐代还有“釉下彩瓷”与“花瓷”等新品种。强调一下，我们所了解的唐三彩不属于瓷器，而是挂了釉的陶器。到了宋代，瓷业产业空前发展，各地窑口数量激增。著名的官、哥、汝、钧、定等窑，均产生于宋朝。宋朝由于不盛行厚葬和陪葬瓷器，所以现留存和出土的宋代瓷器并不多。由于存量稀少，加之宋朝瓷器具有极高的审美价值，因此只要宋代瓷器出现在拍卖会上，都会拍出极高的价格。素有“家财万贯，不如钧窑一件；钧窑十件，不如汝窑一片”的说法，可见宋代瓷器的珍贵。但是宋代五大名窑大多是官窑，南宋官窑器均属皇家所用，器型极其严谨规范，追求精致，不可越规。也就是说普通老百姓很难用上这样的瓷器。那么宋朝的老百姓用什么样的瓷器呢？老百姓用瓷器又出自什么窑呢？

正是由于宋朝宫廷的审美“矫情”，导致从宋朝开始，瓷窑产生了分化，产生官窑和民窑之分。官窑不言而喻就是为官家、宫廷、贵族生产瓷器的窑口，一般由官方经营。而民窑就是民间瓷窑，就是为老百姓生产瓷器的窑口，属非官方经营的，以商品性生产为主的瓷窑，生产的瓷器为满足国内外市场普遍需要的日用瓷和陈设瓷，生产及销售地区极为广泛。区分官窑与民窑的最大好处就是使得宋朝瓷器的品类较多，同时使得瓷器审美也出现了两套审美系统：官窑一套，民窑一套。官窑的审美其实就是宋代的宫廷审美，宋代的青瓷将这种审美集于一身，它收敛、温厚、宁静、含蓄，以颜色作为主要表现形式，注重精神至上，强调的是一种内心感受，甚至瓷器颜色都是有独特命名的，比如雨过天青、影青色、梅子青、东方即白……这种单色调的瓷器，还要保证瓷器本身的质感和造型的优美才能产生一种高级美。这种单色调的审美更多偏向的是文人审美，完全不能取悦老百姓的需求，老百姓喜欢彩色的、有花纹的、带有图案的……因为老百姓生活的环境就是在草木之间、花红柳绿之间、人群之间，生活化的场景才是让人舒服的，强调的是一种世俗化的感受。所以民窑审美跟官窑完全不同。民窑瓷器大多重纹饰，绘画书法等艺术手段都被运用到了瓷器装饰上。民窑最大的特点是不受宫廷的束缚，一切服从市场需求，其造型、装饰图案多采用民间流传的历史故事或百姓喜闻乐见的花卉、鸟虫等题材，因此富有生机，发展较快。

在宋代，民窑体系也很强大，各地窑口不计其数，种类很多。以长江为界，北方有磁州窑、耀州窑、钧窑、定窑等四大窑系；南方有饶州窑（即景德镇窑）、龙泉窑、建窑、吉州窑四个系统。这些窑系是不是都很熟悉呢？是的，因为这些窑系都很有名气。不要认为官窑的审美一定是高于民窑的，这种认识是不准确的。当代文化学者、观复博物馆馆长马未都老师曾说过，审美是分为四个体系和层次：有艳俗的、有含蓄的、有矫情的、有病态的。不能说哪种审美更好、更具有权威。因为受众不同，所以喜好不同，这就是“仁者见仁，智者见智”吧！毕竟审美是主观的。

接下来重点介绍一下磁州窑，因为它是与邯郸有关的。北宋时期，邯郸为县，归磁州管辖。有记载，北宋宋仁宗到宋神宗期间，邯郸为磁州下设税务机构之一。如今，宋代磁州，大体相当于今河北省邯郸市磁县。从行政划分上，无论谁管理谁，其实都是一个地域的。

邯郸从战国时期的赵都开始就非常注重手工业的发展，虽几经岁月的洗礼，但从古至今的精神传承仍在。所以，在宋朝这样注重商业发展的朝代，邯郸并未落下追赶时代的脚步。邯郸的手工业在这一时期也得到了飞速的发展，特别是当地的制瓷业，也就是后来闻名于世的磁州窑。磁州窑窑址就在今河北省邯郸市峰峰矿区的彭城镇和磁县的观台镇一带，磁县宋代属磁州，故名磁州窑。

磁州窑作为著名的民窑之一，并不是宋朝时期一蹴而就的，其具有悠久的历史。由于邯郸市磁县、峰峰矿区的西部地区是绵延的太行山余脉，这里蕴藏着大量的高岭土，是制作陶瓷的天然原料。据说自北齐时就已开始烧造瓷器，并逐渐形成了漳河流域的观台和滏阳河流域的彭城两大窑场。窑场在北宋时期得到迅速的发展，特别到了北宋中期，达到了鼎盛。金、元、明、清时期均得到不同程度的发展。逐渐发展成为北方最大的一个民窑体系，素有“南有景德，北有彭城”“千里彭城，日进斗金”之说。这里所说的彭城就是指今邯郸市峰峰矿区彭城镇，当时很多磁州窑窑口都在于此。磁州窑以粗犷、豪放、潇洒的艺术风格而独树一帜，创造了宋金元时期民间瓷艺的最高成就，体现出民间工艺强大的生命力。

历史上有关宋代磁州窑瓷器的文献记载，宋代尚未见到，主要集中出现在明清两朝。明代初年有曹明仲的《格古要论》、王佐的《新增格

二十世纪60年代磁州窑风貌

古要论》、谢肇制的《五杂俎》、清初的《磁州志》《明会典》、朱琰的《陶说》、兰浦的《景德镇陶录》和许之衡的《饮流斋说瓷》等书，磁州窑瓷器在造型、釉色、烧造地及工艺特色等方面均有不同程度的记载和描述。

磁州窑品种丰富，不仅烧造白瓷、墨瓷、黄瓷、绿瓷、三彩，并在白瓷基础上烧出釉下彩绘，而且装饰手法极为丰富。据说磁州窑有近百种装饰技法，磁州窑的装饰艺术主要分为化妆白瓷、黑釉瓷和低温彩釉瓷三大系列，其装饰技法包括化妆白瓷、白釉刻划花、珍珠地刻花、黑釉刻划花、宋三彩、红绿彩、白地黑花、清代褐彩、民国蓝花及现代磁州窑图案等。在装饰内容取材方面，磁州打破了已往的成规，很少使用那种抽象的、规矩的几何形图纹，而按照民间习俗和需要自由发挥，多取材于以写实为基础的人物故事、民间传说、枝叶并茂的折枝花和流畅自如的卷草纹以及灵活跳跃的虫鱼鸟兽等等。它的纹样造型根据对象的性格和神态进行艺术加工，简练夸张，活泼生动，这使得磁州窑陶瓷装饰更具民族风格和传统艺术特色。磁州窑的另一特点是以各种纪年、题句、姓氏、题诗款来装饰器物，其书写方法无一定规格，非常随意。在各类题句款识中，常见有警句、吉祥语、俗语等，所题诗句多写在各种瓷枕上，完全采用民间白话语言，既增加了民间文化气息，又具有吉祥之意，因而受到老百姓的喜爱。这些都是磁州窑能够成为北方第一大民窑的原因，用现在的话表达就是：符合市场需求，消费者满意度高。

据记载：磁州窑工序繁杂，选料、采集、拣选、加工等，总结下来有七十二道工序，而且每道工序还有更细的划分。老一辈烧制技师从做陶到做瓷，代代延续。磁州窑现保存有了七十多项工艺方法，属于传承较好的瓷器技术之一。在工匠日益减少的今天，邯郸市政府非常重视磁州窑这种非物质文化遗产的传承，推荐一批优秀的工匠大师入选为国家

现代工匠正在为没有烧制的磁州窑绘制纹饰

级非物质文化遗产项目代表性传承人。甚至，将这门技艺作为大师课程走入了大学校园，让学生们直观感受到磁州窑的艺术魅力和审美价值。也许，这就是民窑的魅力，通过祖祖辈辈一代又一代人的传承，能够将北宋时期的工艺传承到今天。相比，那些制作精美的官窑瓷器技艺，由于朝代的更迭，很多都已经失传，至今无法仿造出超越北宋时期官窑瓷器的水平。充分说明一点：人民群众才是历史真正的创造者和传承者。

从磁州窑的历史我们还可以看到邯郸城的转变，邯郸作为战国时期的古赵都城，到汉代的大都会之一，在历史上最繁荣的时期尽显雍容华贵，盛行奢靡之风，歌姬、舞者不绝于世。而经过岁月的洗礼之后，邯郸更像是参悟世事的智者，做出了一个顺其自然、亲近百姓生活的选择。就像磁州窑以真、善、美、朴实、勤快……为主题装饰自己一样，找准了自己的定位，去掉了华而不实，留存了艺术的实用性，并给予精神上无限的鼓励。

河北工程大学里的陶艺课

磁州窑能够闻名于世，销售量堪比“景德镇”，还有一个重要原因：交通的便利性。磁州窑的中心窑场主要分布在邯郸市磁县、峰峰境内太行山东麓的漳河、滏阳河流域，有漳、滏两河与河北境内的其他水系相连，交通可谓融汇贯通。到了元朝，邯郸地域内的水利工程和水运交通更是得到了巨大的发展。据说，当年元世祖忽必烈召见水利专家郭守敬时，郭守敬曾提出“水利六事”，其中第四事的内容“磁州东北滏、漳二水合流处，引水由滏阳、邯郸、洺州、永年下经鸡泽，合入沣河，可灌田三千余顷”（《元史·郭守敬传》）。这就是著名的“漳滏工程”，漳滏工程竣工后使得古滏水改道流经邯郸城，所以至今邯郸人民都将漳河和滏阳河两条河流视为母亲河。这一工程对邯郸内的水利及交通的影响巨大，不仅解决了农田灌溉问题，同时也加强了邯郸境内的航运发展。航运发展必定带动经济发展，这条航线成了邯郸境内的煤炭、陶瓷及各种土货下运邯郸城东北沿河各县及天津等地的重要水路通道。并在邯郸城东柳林桥、苏曹等形成了水运码头，对邯郸城的经济交流发挥了重要的作用。可见，由滏水改道途经邯郸的滏阳河，是一条通往渤海湾的便捷水道。当时的磁州窑，大部分就是通过滏水、漳水运往沿岸的广大地区，另外还有一部分产品是通过大运河到达渤海湾，进而运往日本、朝鲜等地。

磁州窑当时的国外市场主要是日本和朝鲜，所以其对日本和朝鲜陶瓷业的影响深远。例如日本唐津烧与志野烧等日本窑系产品上很明显地模仿了磁州窑的白地黑花、白地刻划花、白地剔花等装饰方法；志野烧的直壁天目茶盏，直接模仿了元代彭城磁州窑的天目器型。朝鲜陶瓷的许多生产技术先是学习磁州窑，后来才实现了自创与进入独立自主的发展阶段。从元代起“磁器”“磁窑”等称谓亦常作为磁州窑的别称。事实上由于磁州窑产量巨大，在中国陶瓷史上“磁器”一词曾经一度广泛取代“瓷器”的称谓。现在日本语、朝鲜语中仍然在使用“磁器”名称，其起源可以说是来自磁州窑的“磁器”，由此可以看出磁州窑对世界陶瓷史的贡献与影响。

中国人对瓷器情有独钟，甚至是独到见解。这样的认知不仅体现在纷繁的瓷器种类上、不同瓷器的高超技艺上，还体现在对瓷器审美的把握上……磁州窑作为我国民窑的典型代表，以其独特的魅力阐述着中国人的哲学智慧与生活美学。

紫山书院与紫山五杰

宋朝之后，取而代之的是元朝，元朝是我国第一个由少数民族建立的大一统王朝。提到元朝，在中国人心里的感觉就是粗犷豪放的，完全不同于南宋文化的细腻；在脑海里闪过的就是成吉思汗驰骋疆场的飒爽、地理版图的辽阔、元曲故事的曲折、元青花的灵动……而元朝的成就远远不止于此。

蒙古族生活在草原，善于骑射，能征善战，这也是元朝政权军事强大的重要原因，元朝的军事实力是我国历史上任何一个朝代都无法比拟的。正是因为有了强大的军事作为后盾，所以元朝对华夏文明开疆拓土的贡献也是首屈一指的。可战争并不仅仅是打打杀杀，可谓是一个系统工程。能征善战的背后必定有其深层次的原因。

元朝其实除了是一个军事实力强大的朝代，还在科学、教育方面取得了巨大的成就。特别在元世祖忽必烈执政期间，非常重视人才的培养和选拔，招揽汉族儒士，广开言路。忽必烈采纳了很多合理化建议：重衣桑、兴礼乐、颁历法、修史书、理政教、开学校……在文化方面做出了巨大贡献，特别对于我国理学思维的建立起到了巨大的推动作用。元朝的文化人不仅仅是只会读四书五经的儒生，而是能够动手创造、改造世界的实践者。

改造世界的主体永远是人，可往往重要的历史事件与节点又不是由普通人创造的，这些创造世界的人就是人才。在任何时代人才都是最宝贵的，古代王侯将相能够建功立业，身边需要大量的人才进行辅佐。那么元世祖忽必烈身边的人才又是谁？他们又是哪所学校毕业的？

古人举贤、任用并不像现代一样，先看看简历，是哪所大学毕业的，学校是不是985或者211，再看看学习的是什么专业……古代的选任制度更加的江湖：可以推荐，可以自荐，也可以考试。有的时候看似灵活荒唐，可如果没有真才实干也无法在“江湖”立足。其实，古代灵活的用人制度与我国古代的教育制度有着密切关系。我国古代教育机构主要有官学、私学和书院三种，比如殷商时代学校叫庠，周代学校叫序，还有先秦时期的国学、乡学，及后来的太学、国子监……这些教育机构均为官学。而像孔子开设的学校就属于私学，可以由教育者自主招生，私学对于我国教育意义非常重要，开启了我国教育的平民化，可以使更多的人接受教育，所以我们尊称孔子为万圣之师。而像梁山伯与祝英台所读的学校就叫书院。书院是从唐代开始兴起的，到了宋朝达到高峰时期，元朝得到延续，清末逐渐式微。书院也属于民间教育组织，最初是官方修书校书和藏书之所，直至宋代才由朱熹创立正式的教育制度。中国历史上的书院至少有7500所，其中最为著名、我们耳熟能详的四大书院为应天书院（今河南商丘睢阳区南湖畔）、岳麓书院（今湖南长沙岳麓山）、嵩阳书院（今河南郑州登封嵩山）和白鹿洞书院（今江西九江庐山）。我觉得这四所书院能够打榜的理由均为突出的历史地位与贡献：应天书院为宋真宗赐额为“应天书院”。后因应天府成为宋朝的陪都（南京）。庆历三年（公元1043年），应天府书院改升为“南京国子监”，成为北宋最高学府。岳麓书院为中国历史最久、保存最好、规模最大的一所古代书院，古代书院当中，只有岳麓书院延续办学千年，发展成现代大学——湖南大学，是中国教育的缩影。嵩阳书院曾经由宋代理学的“洛学”创始人程颢、程颐兄弟在此讲学，成为宋代理学发源地之一。白鹿洞书院，享有“海内第一书院”之誉，始建于南唐升元年间（公元940年），是中国首间完备的书院。宋代理学家朱熹曾重建书院，在此讲学。

四大书院因为自身悠久的历史，或与历史名人有关而成为宋代书院教育鼎盛时期的杰出代表。那么，在延续书院教育的元朝，以此为标准推选杰出贡献的书院，邯郸的紫山学院必将榜上有名。紫山书院在元朝初期，特别在忽必烈执政时期起到了非常重要的作用，为元朝的建设培养了一大批股肱之才。这些人成为改变历史的文化名人，同时也塑造了自己人生的丰功伟绩。

紫山书院位于邯郸市紫山上，由刘秉忠开办，并担任书院山长（主持书院的人），后吸引了以郭守敬、张文谦、张易、王恂为代表的一批学生来此修业深造，由于这师生五人成就较大，后共称“紫山五杰”，形成元代有名的“紫山学派”。从此，紫山成为邯郸重要的文化归属地。

其实，紫山在成立紫山书院之前也非常有名气。紫山又名紫金山、马服山，位于邯郸市西北十五千米处，雄峙于邯郸市丛台区与武安市和永年县的交界地带。由于紫山位于邯郸市西方，又因紫山有紫气升腾。故邯郸自古有“紫气西来”之说，据《邯郸县志》记载：紫山“春夏有紫气蓊郁”，“时有紫气郁郁覆其上”。如今丛台西壁的墙上，还镶嵌有“滏流东渐紫气西来”八个碑刻大字。紫山上的紫气一直被邯郸人认为是祥瑞之气，所以，邯郸与其他地方“紫气东来”的文化认知不同，很多建筑的大门都是向西而开。其实，前文也曾提过紫山，因战国时期马服君赵奢葬于此，而又得名马服山，同时又是中华马氏的祖源地。

到了元朝，紫山成了全真教的圣地。就是金庸小说《神雕侠侣》里面提到的全真教，但是小说与真实的历史有很大区别：小说里演绎了全真教个别教徒的道貌岸然，而历史上真实的全真教主张儒道释三教合一，劝人诵读儒道释三家经典，并且不与其他教派对立，具有很强的包容性。由于其包容性较强，同时期紫山也修建了许多佛教寺院。宋末元初，丘处机做了全真教的领袖，得到了成吉思汗的大力推崇，并命他掌管天下的道门，使得全真教在北方风靡一时。也就是这个时期，青年的刘秉忠由于仕途、生活受挫，弃官来到紫山隐居修学。刘秉忠初来紫山时，居住在全真道观，由于他祖辈为官，从小受过很好的教育，精通儒、道、佛，迅速得到了道士们的敬佩，很快融入了紫山的生活。这位知识渊博、好学不倦的青年人在邯郸一带很快就名声在外。当时邢州天宁寺著名的虚照禅师非常欣赏刘秉忠的才华，于是又极力劝说刘秉忠弃道从佛。刘秉忠丰富的阅历更加增长了他的才干。同时他又不是传统意义上只专注于吃斋修行的佛教徒。他是一位具有鸿鹄之志的有志青年，从小他的偶像就是三国时期的贤相诸葛亮。从他后来的诗文中就可以印证："风雨南阳一草庐，不知客得几江湖。九层渊底骊龙睡，任有人窥颌下珠。"在刘秉忠心中诸葛亮是"青天上"的精英，是"九层渊底"的骊龙，是他要效法的先贤人物。所以刘秉忠与诸葛亮一样，可以出世；亦可入世。他在紫山的岁月里也并未停止认识世界、改造世界。紫山书院即是这一时期开办的，吸引了如他一样求知若渴的有志青年前来学习。其中，著名的弟子有郭守敬、张文谦、张易、王恂。这些青年不仅研究国学经典、玄学，还研究天文、地理知识，这种兼容并进的学习方式独树一帜，很快形成了紫山学派。元朝的历史与成就证明了紫山学派毕业生的优秀，印证了紫山学派教育的成功。

以紫山书院的山长刘秉忠为首，首先得到了元世祖忽必烈的重用。1271年忽必烈建立的国号“大元”就是刘秉忠的建议，大元帝国的名号取自《易经》中“大哉乾元”之义，从此帮助忽必烈完成了大蒙古国向元朝的转变。并为元朝设置中央和地方行政机构。元朝疆域辽阔；民族众多，行省制度的设立大大加强了边远地区和中原地区的联系，有利于巩固我国多民族国家的统一，对后来明、清两代政治制度也产生了深远影响。另外，刘秉忠最重要的功绩是主持元大都的营建。元大都就是今天我们中国的首都北京，也是历史上元明清三代的首都。从邯郸的紫金山到元大都的紫禁城，刘秉忠将祥瑞的紫气发挥到了极致，也将自己的才华展现得淋漓尽致。他按照中国古代传统文化的建都要求规划设计元大都，就仿佛当年曹操规划设计邺城时一样规范、严格。元大都设有三层城郭，即外城郭、皇城和宫城。外城郭墙用夯土筑城，城周长六十里。全城共有十一座城门，当年元大都的城门遗址都能在今天的北京城找到其所在的对应位置。元大都建成后很快成为无与伦比的国际商贸大都市，直至今日。

刘秉忠博学多才，先道后佛，却依然保持着儒者的出世智慧，做人做事更是坚持科学、严谨的态度，可谓将中国儒道释的哲学融会贯通。“学高为师，身正为范”，刘秉忠以其学识和品行影响着紫山学派的每一位学生。与他并称“紫山五杰”的四位学生，都深受刘秉忠的真传。其中郭守敬、王恂在自然科学方面取得了显著的成绩，而张文谦与张易在元朝的政坛上举足轻重，分别担任忽必烈的左右丞相之职。

郭守敬在我国历史上是一位非常著名的水利工程专家、天文学家、数学家。他主持修建了许多大型水利工程，例如重新修建京杭大运河、修整西夏古河渠、邢台治水……每一次工程都要亲自详细测量地形、查清水势、核算工时，用脚步丈量着中国的广阔土地。“实践出真知”，他通过实际的走访与调研，总能够创新的提出新的思路和方法：改造隋唐大运河时，创新性提出了“截弯取直”的修建思路，使大运河不再绕道洛阳、西安，从杭州向北直抵北京，大大缩短了运输行程，使南方的物资高效地、源源不断地运送到元大都；在修建水利工程的过程中，郭守敬发现“又尝以海面较京师至汴梁地形高下之差”，这就是地理学中重要概念“海拔”的最早提出和实际运用。郭守敬非常善于思考，在天文学的造诣也很深：历法上著名的《授时历》就是他与王恂共同研究编著的，他还创新天文仪器、组织“四海测验”天象、测定群星位置……纵览世界科学技术史，谁都不能否认，郭守敬是那个时代世界上鲜见的顶级科学家。正是因为郭守敬的敬业、专业，1303年元成宗下诏，凡年满七十岁的官员都可以退休，唯独郭守敬不让退休，因为国家的许多大事必须听取他的意见。时隔十三年后，郭守敬寿终正寝，享年八十六岁。

同样热爱科学、天资聪慧的紫山学派成员王恂就没有这么长寿了，四十七岁的他因父亲（王良，理学家）离世悲伤过度一病不起，与世长辞。他的离世让整个皇族都为之悲痛，因为王恂不仅是元世祖忽必烈的重臣，还是太子及诸多皇子之师。王恂的学问非常之高，少年得志，十九岁即被重用。他一生精通数学、天文。作为太子、皇子之师能够有如此高的科学精神，元朝的理性思维必定有一份他的功劳。

作为紫山五杰的另外两个成员张文谦和张易，均官至丞相，深得忽必烈的信任。当时，刘秉忠为太保，张文谦为左丞相，张易为右丞相。一日，忽必烈欣喜地赞叹：“自国朝开创以来，论得其贤于斯，为盛时。”可见，紫山学派在元朝的地位，达到了一个辉煌的顶峰。紫山五杰作为汉族文人集团能够在少数民族执政的元朝发挥自己的才能，一方面体现了元世祖忽必烈的包容豁达，另一方面也体现了紫山五杰的才华过人。

紫山为邯郸的圣山，紫山书院曾孕育了中华的文明，紫山五杰也为中华文明做出了卓越贡献。遗憾的是紫山书院由于山长刘秉忠的政治升迁而终止，没能得到很好的传承。世事变迁，如今的紫山书院也只剩残骸。但紫山还在，邯郸城的紫气依然从西而来。今日的紫山郁郁葱葱，风景秀丽，成为邯郸人休闲度假的观光地，也是邯郸人探寻历史的目的地。愿紫山孕育的文明、承载的精神能够影响越来越多的年轻人。

宁静的复苏与休养生息

元朝末年，邯郸城如中国大多数地方一样，经济没落，民不聊生。而明清时期，安定的政局带来了较长时期的休养生息，经济逐渐繁荣起来，人们对美好生活的追求也逐渐实现，邯郸城也迎来了历史上较长时间的安宁。人口数量逐年增长，邯郸城也得到了很好的维修和扩建，城市规模也比历朝历代要大。明朝邯郸归属发生了很大的变化，在明朝之前，邯郸一直属于磁州管辖的县城，而磁州自洪武二年（公元1369年）十一月隶属广平府不到半年，便于第二年四月划入河南彰德府管辖。邯郸从明王朝开始不再归磁州管辖，而隶属于广平府。

据《明史·地理一》记载，广平府即为京师所辖八府之一，“洪武元年为府，十月属河南分省，二年三月来属，领县九”。九县即邯郸、永年、曲周、肥乡、鸡泽、广平、成安、威、清河九县。

中国的行政区划，在明朝时期变化很大。邯郸最大的变化就是在这段时间是隶属于今河南的，包括今天邯郸市下属的永年区、曲周县、肥乡区、鸡泽县、广平县、成安县均隶属河南。今日我们说邯郸属于冀南地区，也就是位于河北南部地区，与河南接壤。地图上大家就可以看到河北省地图是纵向很长，跨越纬度较多，与北京、天津两个直辖市，山东、河南、山西、内蒙古和辽宁五省区接壤。所以河北人的风土人情、生活习惯、饮食文化很丰富且包容。比如邯郸人的很多生活习惯与河南人、山西人很接近，因为历史上河北省、河南省、山西省这三个省份在行政区划上有很多交集。不但省份的归属有变化，而且历史上邯郸与磁州、广平府的归属与今日的行政区划正好相反。所以，所谓邯郸的历史，很难孤立地、单纯地说就是邯郸市区内的历史和故事，它是一个政治、文化、经济等方面交融的历史。

行政区划是人为的政府管理行为，对于老百姓而言，无论如何归属日子依然得按部就班地过。在太平日子，人们自觉地积极恢复生产生活，所以在明清时期，邯郸的发展节奏与基调即为宁静复苏。为什么这么说呢？因为这一时期邯郸的发展对于中国而言并未有较大的影响，但也取得了属于自己的小成就。

首先是广府古城的发展。明清时期广府古城（今隶属永年区）是永平府的治所，所以称为“广府”。广府古城记载于春秋，城池形成于魏晋，战国时期为赵国毛遂封地，隋末农民起义军领袖窦建德在此建都立“夏国”，明清时期得到了历史性的发展。广府古城兴建于元明清时期，古城墙至今保存完好，据说古城墙长为九里十三步，九里代表明代修缮古城墙时，广平府所辖九县——永年县（今永年区）、曲周县、肥乡县（今肥乡区）、鸡泽县、邯郸县（已撤销）、成安县、广平县、威县、清河县，十三步代表了修缮持续时间为十三载。这是今日邯郸现存为数不多的古建筑群，也是华北地区保存最完整的古城之一。广府古城的建筑还是非常具有特点的，集行政管理、军事防御、百姓居住功能于一体，沿用明清时期的空间形态特点，呈现“双水环城”的整体格局和“山水同构”的古代城池格局。有水，古城就有了灵气，就不同于一般的北方古城，所以后世称广府古城是唯一一个北方旱地水城。尤其是夏天的景色非常美丽，蓝天碧水，芦荡荷风，宛如进入了江南水乡。

因为广府古城地处洼地，坐落在河北省三大洼淀之一的永年洼中央，四周是环绕五千米的护城河。按理说，这座古城选址在永年洼这个四面湿地的孤岛之上，不远处又有滏阳河和支漳河两条大河相夹，且这里又是邯郸地区的泄洪区。但在两千五百年里，无论降水量多大的年份，广府古城内从无洪涝成灾的记录。这引起了许多建筑、规划专家前来考证，认为广府古城为我国规划最完善的“海绵城市”，可见其排水性能的良好。普通百姓不了解西方关于城市规划理论中所谓

今日广府古城全貌

的“海绵城市”，可世世代代的广府百姓都了解古城“三山不显，四海不干”的神奇！

广府古城的建设和发展，吸引了明清时期三教九流的人士往来于此。大大增进了邯郸地区与全国的交流，广府古城的太极文化也是在这一时期得到了发展。今日邯郸之所以被称为“太极之乡”就是与这段历史有关。太极拳是我国传统武术的瑰宝，由宋末元初道教丹士张三丰创造的，具有防身健体、修身养性的作用，传说张三丰本人活了上百岁，可见太极拳之神奇。也许，这也是太极拳能够得到很好传承的充分理由。邯郸作为“侠士”遍地的燕赵大地的一部分，对太极拳具有传承的天然优势。清朝末年在广府古城出现了两个人物——杨露禅、武禹襄，他们分别是杨氏太极拳和武氏太极拳的创始人。

杨露禅自小喜欢武术，少学洪拳，而后三次赴河南温县陈家沟拜投名师陈长兴学习太极拳，陈长兴是当时陈氏太极拳的掌门人，后人称“陈氏是所有太极拳的母拳”，也就是说后来的所有太极拳种类都是以陈式太极拳为基础演化而来。杨露禅经过十八年的学习，得到真传，艺业有成。然后回到家乡设馆教拳，四十岁时被在京的同乡推荐到北京端王府教拳，其间常有拳师求与比试，每遇比武必胜，所向披靡，一举成名，名震京师，号称“杨无敌”。当时，光绪皇帝的老师翁同龢大学士称赞他“手捧太极塞寰宇，胸怀绝技压群英”。自此，他所创之杨式太极拳名满天下，使其从民间武术登上了华夏武术的大雅殿堂，成为国粹。杨氏太极拳行云流水、中正安舒、开展大方，是可以进行实战对打的拳法。后经杨家四代传承和发扬的太极拳文化，无论在太极拳实战方面还是理论方面均取得了很高的成就。现在全国推广的二十四式和四十八式简易太极拳，主要依据都是杨式太极拳的拳法，更适合现代人强身健体而练，为我国国粹的推广做出了巨大贡献。当然，要想学习正

杨露禅故居全貌

武灵丛台上打太极

宗的杨氏太极拳，还要到邯郸的永年，现在在广府古城旁还完好保存着杨露禅的故居，以及杨氏太极拳传承人的拳馆，太极拳作为非物质文化遗产绝对是邯郸美丽的名片。

武禹襄为武式太极拳创始人。他出身为广府城名门望族文人，早年与杨露禅学练切磋得其大概，而后亲赴河南陈家沟找陈长兴学艺深造，此时陈长兴已经年老，故改投赵堡镇名师陈清平学习赵堡拳，得其真传，并获得传世珍宝——太极宗师王宗岳的《太极拳论》。回乡后经过反复演练、钻研，创编了武式太极拳。武氏太极拳讲究“以求太极（内形）为主，走内劲，以意行气，练精、气、神三者合一”。所以非常适合文人雅士们休闲时习练，故又称儒者拳。自第三代宗师郝为真开始逐渐传播于世，成为名扬海内外的优秀拳种之一。如今，在广府古城内依

广府武禹襄故居

然有武禹襄故居及武氏太极拳拳馆，每天可以看到太极拳爱好者在此打拳练功。武氏太极拳也得到了很好的传承，并且武式太极拳与杨式太极拳一样均被列入国家级和省级非物质文化遗产保护名录。

后来杨氏太极拳、武氏太极拳经过发展，又形成新颖而独具特色的吴式、孙式两大优秀太极拳种。中国博大精深的太极拳文化，经过邯郸儿女一代一代的传承，在保持传统的同时，不断地创新。今日的邯郸还有混元陈式太极拳、内经太极拳和三丰掌太极拳等，均有新内涵，新特色，都在茁壮成长。全市呈现“太极中兴映邯郸，杨武特色旗帜鲜。新老拳种相辉映，百花齐放太极苑”蓬勃发展的大好局面。可见，邯郸为“太极之乡”的美誉绝对名不虚传！

其次是武安商帮的发展。明清时期，资本主义开始萌芽，各地从事

广府城内武家大院鸟瞰图

武安商帮合影旧照

工商业的人口开始增加，商品贸易也逐渐活跃。特别是土地较少的地区，依靠农业无法维持生存，“穷则思变”，于是在这些地方出现了大量的商人。比如我们熟知的晋商、徽商、苏商，基本都是明清时期出现的商人群体。这个时期邯郸有一个地方，凭一县之力托起了冀商大旗，这就是可以与其他省份商帮比肩称雄的武安商帮。武安是今日邯郸市管辖的一个县级市，历史上李牧、白起、苏秦都曾见封于武安，号武安君。武安境内多山、丘陵，面积大约占全境的一半，由于耕地较少，而人口又多，据记载明朝嘉靖年间武安人口已超十万。地瘠民贫驱使人们不得不外出从事商业贸易来养家糊口，武安商帮就是在这样的历史背景下产生的。但是，创业并不可能一帆风顺，万事开头难，有记载说，他们“每年春季推车而往，岁终推车而归，习以为常，频年跋涉，不能大有成就”。但坚毅的武安人并没有放弃，而是开始进行反思，规划精准的市场定位。于是他们把市场定位在经济相对落后的东北地区，《武安县志》记载：“乾隆中，民殷国富，到处升平，内地商业已成供过于求之疲弱现象，遂有聪明人士，思向关外发展，以浚利源。”并且他们还进行了产品定位——药材。与此同时，还有一些武安人看准了西北市场。第一批商人大获成功后，陆续大批的武安人流向关外，并逐渐形成一股商业势力，在各地纷纷成立帮会，同治年间，“武安商帮”以大会的形式正式确立。武安商帮主要经营药材和绸缎生意，偏北一些地区以经营药材为主，偏南一些以经营绸缎生意为主，所以素有“南绸北药”之说。另外，经营模式也非常超前，采用股份制与掌柜负责制进行经营。武安商帮以其吃苦耐劳、诚信为本的品质，加上精准的市场定位和先进的管理模式，在明清时期创造了大量的财富，为促进中国商品经济的发展做出了贡献。

历史虽然过去，可武安商帮的精神成为武安乃至邯郸宝贵的财富。今日武安的商人们虽然从事不同的行业，但他们都愿意自称为武安商帮的一员。武安至今仍然为邯郸市经济最好的地区，支柱产业有钢铁、装备制造、新能源、建材等。近些年国民生产总值逐年升高，2022年达到801.6亿。这样的成绩与能源优势有关，也与武安人的勤奋与智慧是分不开的。

最后，再说一说明清时期邯郸教育事业的发展。教育一直是国之大计，没有良好的教育一个民族是没有希望的。我国自古重视教育，历史上有许许多多关于教育的励志故事。明清时期，社会稳定，所以教育也在稳步进行，不过遗憾的是，明清两代没有很好的继承元代的理性思维，科举制度已经相当僵化，严重固化了受教育者的思维，采用大兴文字狱、考八股文、提倡理学，以政治思想等方法禁锢士人。当时，科学技术方面的教育始终没能发展起来，还是以继承原有的儒学经典为主要教育内容。在吴敬梓的小说《儒林外史》中，就将这种教育现实揭露得淋漓尽致。教育模式仍然延续了县学与书院的传统教育形式。县学，也称儒学，属于官办教育，书院依然属于民办教育。二者相互补充，学生最后的出路依然为科举考试。即便“学而优则仕”，其实能够接受教育的人少之又少，大多是有钱人家的男子。明朝时县学学生人数就在三十人左右，书院人数与之相仿。从县学办学规模即可推测一二。据明万历《邯郸县志·建置志》记载：“学堂经永乐、正统、天顺、成化、正德、嘉靖等历代维修，建有明伦堂五间，时雨轩三间、讲堂三间、号房十六间，东西斋房十间以及敬一亭、祭器库、教谕宅、训导宅等设施。”整个县就一所学校，经过六代皇帝扩建和修缮也不过四十间房的规模，而且这些房间是用于所有师生的学习、住宿、餐饮而用。可见清代的教育绝对是“精英教育”。

任何时代教育都是改变个人命运的有效途径，因为只有接受教育才可以参加国家人才的选拔。据现有资料统计，从隋唐实行科举制度到清末废除科举制度，现邯郸市及各县共产生状元12人，其中文状元9人，武状元3人；榜眼3人，均为武榜眼；探花6人，其中文探花2人、武探花4人。明清两朝，共产生进士745人，其中文进士465人，武进士177人。大名县人郭元振（郭震）于唐咸亨四年（公元673年）考取文状元，这是邯郸历史上记载的第一位状元，也是中国历史上中状元年龄最小的（18岁），比起老年的范进中举的确可算神童了。清朝乾隆年间永年人段飞龙考取武状元，这是邯郸历史上记载第一位武状元。

到了光绪三十年（公元1904年），正值慈禧太后七十大寿之时，中国的文化人，也被称为“士子”们迎来了甲辰恩科会试。这次考试由于恩科与正科同场进行，也属“恩正并科”。这次考试邯郸的士子也获得了不错的成绩，李景濂与王琴堂同时考取贡士，后李景濂在恩科的殿试中又考取了进士，使得他成为邯郸历史上最后一名进士。这是一次非常具有历史意义的考试，因为这是中国科举历史上的最后一次会试，这次会试后结束了我国实行一千三百余年的科举制度，随着“新政”的推出，开始创办新式教育。

个人的命运总是与国家的命运息息相关，一个城市的命运也是如此，总是追随国家政权的变化、政策的要求、社会的动态……做出适应时事的调整，而人绝对是任何时代最生动、活跃的群体。可是这个人往往不是个别的英雄人物，反而是具有共同特征的一类群体。无论是太极宗师，还是武安商帮、亦或从事教育的先生和状元们，他们都是以群体的方式出现在历史当中，都在用自己的热爱、坚持的方式改变着这个世界。

时代变迁下的古城新机

清朝是我国最后一个封建专制王朝，可历史已经等不及这个王朝的自我革命，或者这个国家的自我更新。1840年外国人的坚船利炮主动打开了中国大门，中国被动进入了一个黑暗的时代，这也是我国近代史的开端。记得上学的时候，同学们最不愿意学的就是中国近现代史的课程，并不是因为不平等条约太多背不下来，而是每每课程结束，都感觉胸口隐隐作痛，透不过气来。没有亲身经历那段历史，只是听听相关的故事就已经压抑到厌倦，那么在那个时代走过的人们又是怎样的经历呢？

回顾历史，那个时代出现了形形色色的人，他们是众生相，也是许多集体照，有代表封建统治者的地主阶级、有代表新兴资本主义的实业家、有热血青年的知识分子、有接受新思想的各党派人士、有冲在抗击侵略前线的百姓官兵……当然也有丧心病狂的侵略者、趋炎附势的汉奸走狗、麻木不仁的平庸之辈……那是一个包容的时代、也是一个动荡的时代、变革的时代、斗争的时代……所有人都站在自己的立场上做事，可有些事是站在道义的一边，可以接受历史的检验；而有些事则与之背道而驰，终究遭到历史的唾弃！

这些人分布在中国每一寸土地上，邯郸自然也不例外，况且邯郸经过明清时期的休养生息，此时已经蓄势待发，等待时代赋予其新的任务与转机。

第一个转机当属京汉铁路的修建和邯郸火车站的运营。这对于邯郸的城市史是具有重要意义的。火车的汽笛声仿佛起床的铃声，唤醒了睡梦中的古城，打破了邯郸“地处边徼，风气闭塞”（《邯郸县志·选举志》）的局面，加强了邯郸与外界沟通的便利，结束了邯郸古城自东汉以来衰落、停滞的历史，加快瓦解了小农思想和自然经济结构，将邯郸推上了以发展商品经济为主的近代城市之列。可以说，这标志着邯郸结束了古代城市发展的历史，开启了邯郸近代城市的历史篇章。

京汉铁路是甲午中日战争后中国清政府准备自己修筑的第一条铁路，于1906年竣工通车。是纵贯我国南北的第一条近代交通大动脉。最初权限设大小车站96座，后陆续增至134座，邯郸最初设邯郸县站，后增设王化堡（今黄粱梦）站。由此构成了邯郸境内的近代铁路交通运输

邯郸机务段183机车组人员合影旧照

邯郸火车站站台天桥

系统，为邯郸近代城市的发展奠定了基础。

邯郸火车站的修建、或者说京汉铁路的修建，无论是初衷、还是客观结果均促进了我国经济、文化、交通的发展。当然，这也是封建统治者力图通过改革救中国的尝试。当清政府看到了外国先进技术的“威力”，不得不承认我们国家的落后，于是统治阶级内部出现了革新派，提出“师夷长技以制夷”的救国方案，希望通过学习西方的先进技术，强大我们的装备来抵制侵略。于是清政府推行“新政”，力图在军事、官制、法律、商业、教育和社会方面进行一整套系统性改革。比如，新式教育的推广、火车站的建设都属于这一范畴的结果。邯郸依然在政府的统筹之列，紧跟中国崛起的步伐。

邯郸火车站建成以后，大大促进了邯郸商品经济的发展。于是客观上促进了邯郸民族资产阶级的产生及民族工商业的迅猛发展。农产品加工业（包括面粉厂、蛋品加工业、榨油厂等）、织布工厂、制铁工业、陶瓷制造业、编织业、印染业……均取得了巨大的发展。

其中需要重点提及当时的一个民族企业为怡丰面粉厂。这是一家由名绅王琴堂、朱陆怡邀请绅士、富商、地主筹措资金15万元成立的股份有限公司，成立伊始便大获成功，当时日产量居河北第二位，后日本侵华时被日军所占，新中国成立后成为邯郸市面粉总厂的前身。其实，发起人之一的王琴堂前文有所提起，他学问较高，曾考取贡士，也曾到日本留学，在商界、政界均有一定地位，成为邯郸当时有名的人物，曾任直隶省省会议员。他积极参与民族工商业的发展。他参与开办了邯郸怡丰面粉厂、祯元增酒坊、祯元增银号、电灯公司、祯元增杂货等近代工商企业。王琴堂晚年专注于教育与慈善事业，1928年主持创办育德孤儿学校，成立救灾社，收养无家可归的孤儿。另外，他还积极倡导新式教育的发展。王琴堂属于封建社会向近现代过渡时期的典型代表人物，既参加过科举，又接受和发展了新式教育；既感受了学而优则仕的官僚主义，又见证了民族资本主义工商业的迅猛发展。他个人事业的发展，均踩在了时代发展的节奏上，甚至是优秀官僚、优秀实业家的代表，可以说是邯郸那个时代的成功人士。可无论他个人成就如何高，也脱离不了那个复杂、黑暗的时代。他企图通过从政救中国，发现官场太过险恶、黑暗；他想通过实业救中国，发现创造的财富与侵略者比起来只不过是杯水车薪。但作为一位读书人、一位中国人，他始终没有放弃努力，老年时仍然为我们的民族做着力所能及的慈善事业。1932年，王琴堂带着难以释怀的忧患而辞世，享年74岁。那个时代为邯郸发声的读书人还有辛亥革命烈士张廷辅，中国最后一名进士、大学者李景濂，大教育家王夔梅，进步知识分子冀卓吾，实业家王铭鼎……邯郸历史上将永远铭记他们的名字。

邯郸现代工业的进步必定会促进农业和采矿业的发展，因为原材料的供应还需来自农业和矿产的支持。面粉厂的发展促进了小麦的种植，纺织业的发展促进了棉花的种植，火车、交通的发展促进了煤炭的开采，钢铁制造业的发展促进了铁矿的开采……邯郸现代工商业的发展奠定了邯郸产业结构的基础。逐渐形成“两白两黑”的产业格局。“两白”即小麦和棉花，“两黑”即煤炭和钢铁。邯郸煤和铁矿石的储量较

1951年扩能建设中的峰峰一矿

1959年峰峰矿务局一矿的工人们正在推罐车

多，是我国著名的焦动力煤和铁矿石产区之一，主要开采区集中在今峰峰矿区。煤炭储量大约42.6亿吨，不但储量丰富，而且煤种比较全，煤质较好。铁矿石储量大约6.5亿吨，主要集中在今武安辖区，均为硅卡岩型磷铁矿，具有品位高、有害杂质少、可选性好等优点。这样的产业格局一直延续至今。

不可否认，侵略者强行打开我们的大门、侵略我们国土的同时，也带来了先进的生产技术。正如历史课本上所说，这客观上促进了生产力的发展。可侵略者欲壑难填，资本主义本质上更是贪得无厌。那个时候我们的国民越努力、国家越发展，不但没能救中国，反而使侵略者觉得更加有利可图，变本加厉的加快侵略的步伐。中国的仁人志士们开始反思，寻求新的救国之路。这个时候各种新思想开始涌入中国，国人也意识到唯有精神独立，才能国家独立。在那个格局动荡的时代，整个世界都仿佛是人类文明的试验田，进行着各种文明的、看似文明的、不文明的实验。殖民主义、纳粹主义、资本主义、民主主义、民族主义、社会主义……都涌现出来，仿佛一道单选或者多选题，留给各个国家、各个民族进行作答。无疑，对于中华民族而言，这只能是一道被动的多选题，复杂的环境与形势，不允许孤注一掷的抉择，也只能是不断的尝试，甚至不惜增加试错的成本。

回顾历史，中华民族是比较具有洞察力、感知力和学习力的。与其他被侵略、被殖民的地区与民族相比算是反省与觉悟较早的。经历了戊戌变法、洋务运动及各种新思想的洗礼，这种觉悟意识越来越强烈，直到孙中山先生提出了三民主义（民族、民权、民生），让中国救亡图存道路有了更加明晰的方向，国民的诉求也通过简短的口号得到了释放与统一。全国纷纷响应，特别是得到广大青年和民族资产阶级的积极响应。这一时期的邯郸古城也一改历史的陈旧与闭塞，主动地接受新思想的启蒙。其中就有一位重要的青年代表人物张廷辅，他出生在处于清朝末期的1883年，十几岁时曾在陆军小学学习，因在校期间接受反清革命思想被开除，1907年他考入北洋武备速成学堂，后加入河北同盟会。1909年，他被分配到湖北鄂军，从此踏上军旅生涯。张廷辅始终拥护孙中山的先生的三民主义，所以在1911年辛亥革命爆发时，张廷辅积极响应，后因行动泄密，全家被捕，在狱中宁死不屈，后武昌光复，他得以获救。但在1912年2月，武昌又发生“群英会事件”的内乱，张廷辅被害于武昌，年仅29岁，成为年轻的辛亥首义烈士。后人评价他为坚定的资产阶级民主革命战士，也是一位受人爱戴的革命党人，或许他只是那个时代有志救国青年的缩影。

辛亥革命取得了胜利，但是我国却没能建立起独立的资本主义国家，由于民族资产阶级先天的软弱性，加之复杂的国际国内环境，独立、民主谈何容易！正在我们绝望、迷茫之际，1917年俄国爆发了由列宁领导的十月革命，并取得了巨大胜利。让我们开始了解“布尔什维克”“无产阶级”“马克思主义”这样的新词汇，当然也是新思想，让我们的民族又看到了新的希望。所以后来我们中国人经常说：“十月革命一声炮响，为我们送来了马克思列宁主义！”1921年，中国共产党成立，一股新生的救国力量开始登上历史舞台，开始掀起工人阶级运动的新浪潮。全国各地纷纷响应，邯郸紧跟时代的号召，20世纪20年代，随着冀南革命斗争形势的发展，邯郸工人运动出现高潮。1922年4月，怡立煤矿工人举行大罢工；9月，彭城瓷业工人不堪压迫而进行斗争；1923年2月7日，邯郸铁路工人积极参加京汉铁路工人总同盟大罢工……为了更好地领导冀南地区的革命斗争，1925年6月，邯郸第一个党的组织——中共磁县特别支部在西小屋村成立（现在邯郸市磁县西小屋村成立了中共直南第一党支部纪念馆），属中共北京区委（后改北京区委）领导。1930年6月，中共直南特委在磁县马头镇（今邯郸市邯山区）成立，先后领导直南、豫北、鲁西等地30余县党的组织活动。此时的邯郸古城历经岁月的沉淀，焕发出勃勃生机，重新唤醒历史上“胡服骑射”的改革精神。

改革不等于暴力，革命的目的也不是暴力运动。中华民族先后选择资本主义、民族主义、民主主义、社会主义，其初心均为“驱除鞑虏，恢复中华”。而此时世界许多国家正在贪婪地搞殖民主义、法西斯主义、军国主义，目的是侵略与霸占。1937年7月7日，日本侵略者在我国领土上悍然发动“卢沟桥事变”，揭开了我国全面抗战的序幕。国共两党重新合作，抗日民族统一战线正式形成。

1937年10月17日，日军片桐旅团在飞机、坦克、大炮的掩护下占领邯郸城，随即成立“城防司令部”和“邯郸县治安维持会”；次年4月，又成立伪“邯郸县公署”；1940年4月，又将伪“冀南道尹公署”迁驻邯郸，把邯郸变成了日寇统治晋、冀、鲁、豫交界地区的政治、军事中心。日寇在侵略邯郸期间，“围剿”抗日力量，制造多起骇人听闻的惨案。1937年10月24日凌晨，日寇108师团尚林部队从肥乡出发袭击成安县城，被国民党二十九军和共产党领导的抗日武装歼灭，毙敌500余名。当日下午，驻邯郸日军指挥官土肥原贤二增派1000余名日军向成安反扑，用密集炮火轰开城墙，占领了县城。疯狂的日军在短短七天内杀害无辜群众3600余人，制造了震惊中外的“成安惨案”。1938年4月23日，日军又一次到城西百家村劫掠，因村民反抗两名日军被杀，这招致了日军的疯狂报复，他们残暴地蹂躏村民，其血腥程度超出常人的想象，连老人、孩子均没放过。日军血洗了百家村之后，并没有停止他们疯狂的兽行，接着又放火烧了村庄。全村一片火海，一个从我国战国时期就存在的古老村落就这样被日本侵略者毁于一旦，制造了惨无人道的“百家村惨案”。时间已经过去了许多年，但百家村人民、邯郸人民从未忘记这段悲惨的历史、民族的灾难。如今，当地建立了邯郸百家村惨案纪念馆，记录了日本军国主义侵略中国难以泯灭的罪证，也时刻提醒每一位邯郸人“勿忘国耻”。

“山雨欲来风满楼”，邯郸人民正在悲痛中积蓄力量，太行山儿女蓄势待发！

太行红色记忆

抗日战争全面爆发后，中国共产党领导的八路军和新四军在敌后战场上开辟统一战线，积极开展游击战争，建立抗日根据地，取得不错的战绩。华北地区在全国军民抗战中也成绩斐然，然而日军不断加大对华北地区的打击力度，1937年11月8日，在日本军队持续不断的猛烈攻击之下，国民党军全线败退、节节失守，被迫撤到黄河以南，太原沦陷。太原失守后，华北地区由国民党主导的正面作战基本结束，开始了共产党领导的以八路军为主体的游击战争。面对危机，八路军没有退缩，并发出“誓与华北人民共存亡”的誓言。

由于华北战争形势的转变，八路军迅速做出调整：一一五师由聂荣臻师长率领留在晋察冀，主要任务为阻击日军南进；一二〇师则依然留在太原附近，建立晋西北地区的抗日根据地；一二九师的主要任务则是到晋东南地区开展游击战争，创建以太行山为依托的抗日根据地。

一二九师接到中央的指示后，1937年11月13日在山西和顺县石拐镇召开了一次重要会议，史称“石拐会议”，这次重要会议上传达了中共中央关于创建以太行、太岳山脉为依托的晋冀鲁豫抗日根据地的指示。

这次会议结束后，一二九师迅速派出大批工作团和游击队到各地发动群众，开展抗日游击战争。此时的老百姓屡遭日本侵略者的迫害，已经恨透了日寇，所以经过动员，民众的抗日热情空前高涨，各地纷纷建立起群众抗日团体，以村为单位，建立起抗日自治组织，村与村之间还会交流抗战经验，互相学习制作火药、地雷的技术等。经过与日军持续斗争，各村逐渐摸索经验，有些村子还能够因地制宜开展地道战、地雷战等灵活的御敌斗争。看过电影《地道战》《地雷战》，一定不会忘记中国人民用智慧与敌人开展英勇斗争的故事。邯郸峰峰矿区西部的义井镇山底村至今还保存着当年地道战的遗址，据说电影《地道战》里面部分人物原型和拍摄取景就来自于这里。该地道是目前我国规模最大、保存最完整、巷道最长的抗日时期的地道。

百姓对于抗日的积极参与，使得抗日民族统一战线更加扩大化，并在实际行动上给予敌人有力的打击。1938年，国民党军队打算“反攻太原”，在华北地区国共两党再次合作，八路军一二九师负责切断正太铁路交通，与国民党军队配合作战。时任一二九师的师长刘伯承和政委邓小平接到命令后，立刻部署作战计划，先后指挥长生口、神头岭、响堂铺伏击战的胜利，这就是我国抗日战争史上很有影响的“三战三捷”，其中响堂铺伏击战发生在邯郸，也属这次战役对日军的打击力度最大。1938年3月31日，战役打响，经过两个多小时的激战，我军共消灭日本侵略者400余人，焚毁车辆181辆、缴械步枪300多支、轻机枪10多挺、迫击炮4门以及大量的作战物资……短短几个月后，一二九师取得了一系列战斗的胜利，使得太行山抗日根据地的形势发生了根本变化。1938年4月25日，晋冀豫军区正式宣布成立。

日军受到重创后变得更加疯狂，于1938年4月和10月，均向冀南地区增派3万多侵略军，企图对冀南地区进行“大扫荡”，经过国共两党的通力配合，粉碎了敌人的“美梦”。可还没来得及庆祝胜利，国民党顽固派就开始了对共产党的攻击。1940年1月，国民党军队突然向太行八路军发起武力进攻，又将磁县、武安、涉县、林县占领，武装挤压八路军。刘伯承师长愤怒地说，敌顽夹击，总得让我们抗日有地吧，能让我们到天上抗日？于是共产党被迫应战，进行“磁武涉林反顽战役”。1939年12月25日，八路军一二九师主力第二次光复涉县城，并于1940年2月又取得了涉、武、磁、林反顽战役的胜利，粉碎了国民党顽固派的进攻。1940年6月，一二九师司令部移驻涉县常乐村；12月4日，移驻涉县的赤岸村，直到抗日战争胜利，刘伯承、邓小平在这里领导开辟了晋冀鲁豫抗日根据地。

如今邯郸市涉县赤岸村一二九师司令部旧址犹在，并成为一二九师司令部旧址全国爱国主义教育示范基地的重要组成部分，基地还有将军

一二九师司令部旧址

岭和一二九师陈列馆。2004年，这里入选中共中央、国务院公布的全国红色旅游经典景区名录。一二九师司令部旧址占地面积不过1834.1平方米，建筑物主要为农家四合院，外加一个防空洞。室内设施非常简陋，首长（刘伯承、邓小平）的宿办室也小得可怜。就是在这样的艰苦环境下，老一辈无产阶级革命家凭借着一腔爱国热情抒写着那段激情燃烧的岁月。刘伯承、邓小平带领着一二九师曾经在这里生活、指挥战斗长达

一二九师旧址及将军岭全貌

六年之久，与涉县的百姓建立起了浓厚的情谊。“将军岭”三个字是新中国成立后由领导人邓小平同志题写的，自1986年开始，刘伯承元帅、徐向前元帅、文化部部长黄镇少将、中国人民解放军副总参谋长李达上将、中国人民解放军副总参谋长王新亭上将、中国人民解放军总政治部副主任袁子钦中将、中国人民解放军副总参谋长何正文少将等将军的灵骨先后安放在这座山岭上，并镌刻着将帅们的雕像，修建了纪念碑、

亭，可见“将军岭”名副其实。将军是山河国土的守护者，将军理应与祖国山河同在！

毛主席说过：“星星之火，可以燎原！”一二九师虽然刚渡过黄河时还不足一万人，经过几年的发展，队伍不断壮大。抗日战争期间，由于共产党对百姓的不离不弃，使得这段时间共产党在华北地区得到了很好的发展。1940年4月，中央北方局在黎城召开高级干部会议，提出了建党、建军、建政的三大任务，会议还决定冀南、太行、太岳行政公署机关合署办公，成立了联合办事处。1941年9月1日，晋冀鲁豫边区政府成立，边区政府选在涉县靳家会，杨秀峰当选边区政府主席，下设冀南、太行、太岳、冀鲁豫四个行政区，管辖21个专署，149个县。虽然现在看来晋冀鲁豫边区政府管辖范围不大、办公地点偏僻、条件简陋，但是在当时内忧外患、左右夹击的环境中能够竖起我们社会主义的大旗实属不易。可以说是一边打仗一边在搞建设。比如，1940年，一二九师和晋察军区等共105个团均参加了抗击日军的“百团大战”，战役持续了三个月，最后在中国共产党领导的华北敌后抗日军民齐心协力下，取得了不错的战绩，可我们也付出了巨大的代价。后来，邓小平在总结百团大战时说：“百团大战给了晋冀豫边区各方面以最大的考验，也给了一二九师以最大的考验。”敌人不仅仅在正面战场上扼杀我们，还在经济、交通、金融上封锁我们。比如日本的“囚笼政策”，主要内容是以铁路为柱，以公路为链，以碉堡为锁。其目的就是通过封锁道路，阻断交通来摧毁华北各抗日根据地。另外，日本军还通过发行伪币等手段扰乱抗日根据地的经济秩序，导致很多根据地面临着经济危机。为了冲破日寇的经济封锁，中共中央政治局和边区政府决定组建自己的金融机构——冀南银行，发行冀南银行纸币。1941年9月，冀南银行总行在涉县索堡村成立，隶属晋冀鲁豫边区政府。冀南银行币的发行范围进一步扩大，成为整个晋冀豫边区的法定本位币。

冀南银行的成立具有重要的意义，不仅在华北地区有效地抵制了日本侵略军扰乱抗日根据地经济的阴谋，并成为培养抗战经济的摇篮，为新中国成立后我国金融事业的稳定奠定了基础，积累了经验。1946年3月，冀南银行迁入邯郸市，1948年又迁入石门市（今河北省石家庄市），与晋察冀边区银行合并成为华北银行。同年12月1日，华北银行与西北银行、北海银行又共同合并成立了中国人民银行，同时第一套人民币发行，冀南银行币才停止发行。所以说，在抗日战争和解放战争期间，邯郸地区金融的发展也为中国人民的金融事业做出了巨大的贡献。

时间回到1944年，国际局势发生了巨大变化，反法西斯形势好转。盟军诺曼底登陆后，加速了纳粹德国的灭亡。同时，日军在亚洲战场和太平洋战场上也节节败退，陷入困境。日军大有狗急跳墙之势，在我国正面战场上不断发动大规模的战争。而中国人民看到了胜利的曙光，更加积极地投入到反侵略的斗争中去。终于，1945年8月15日，日本宣布无条件投降。中国人民经过十四年艰苦卓绝的浴血奋战，终于取得了抗日战争的最后胜利。那一刻，无论是国民党人，还是共产党人都在欢呼。

民族战争取得了胜利，但是并不意味着战争结束。唯物史观认为：任何阶级都不会心甘情愿地、主动地退出历史舞台，所以暴力革命也是推动历史进步的有效方式。抗日战争胜利后，中国开始进入了解放战争阶段。这时候，中国的未来走向了岔路口：一面通向了社会主义，一面通向了资本主义。而最终的决定权掌握在全体中国人民的心里。走什么样的道路？建立什么样的政府？未来过什么样的日子？只有老百姓最有发言权，这就是所谓的“得民心者得天下！”

但是暴力革命并不像理论分析得这么轻松，往往需要一个民族付出巨大的代价，解放战争艰苦卓绝，异常艰难。

邯郸城的解放也并不轻松，虽然邯郸城区离涉县根据地很近，但是国民党为了篡夺抗日胜利成果，调集大量军队向解放区发动进攻。国民党部队派出第一战区胡宗南部、第十一战区孙连仲部八个军、河北民军及伪军孙殿英等部队，一同会合向太行及冀南地区大举进攻。企图迅速打开平汉线，完成一统全国的计划。邯郸位于晋冀鲁豫四省的交会点，其命运关系到整个晋冀鲁豫战略区域及整个华北的未来，因此国、共双方都很重视邯郸的得失。刘伯承、邓小平从延安飞回太行山区亲自指挥邯郸战役。战役经过精心策划和周密安排，经过一夜的激战，邯郸古城终于回到了人民的怀抱，露出了胜利的曙光。鲜艳的红旗插在古城的那一刻，映照着这座城市的未来与勃勃生机。

战后，《新华日报》头版进行了报道："战国时代的赵国首都，古来兵家必争之地，现在的平汉路重镇之邯郸县城，已为我军完全占领……邯郸之光复，已使太行、冀南两区山地平原完全连成一片。"由此可见，邯郸的解放具有重要意义。至此，邯郸成为晋冀鲁豫解放区的政治、文化和军事中心，也为晋冀鲁豫边区政府将首府迁至邯郸奠定了基础。邯郸是幸运的，是较早解放的城市之一，新的历史时期、重要的历史节点，让这座身经百战的古城获得了新的生机，这也将掀开邯郸历史崭新的一页！

1946年5月15日，中共中央晋冀鲁豫局机关报《人民日报》在邯郸创刊，报社地址在今邯郸火磨街东口。创刊号为对开四版，报头集毛泽东手稿而成，后毛泽东又亲自为其题写报头，7月1日正式启用。后因诸多原因，人民日报社几经搬迁。《人民日报》在邯郸创办25个月的时间里，共出版了746期。

1946年9月，新创办的邯郸新华广播电台正式开始播音。1947年3月

1946年5月15日，《人民日报》在邯郸火磨街创刊，全体工作人员合影

28日，根据中共中央的决定，在国民党军队进攻延安期间，由邯郸新华广播电台代替陕北新华广播电台对外播音。在那些艰苦的岁月里，是邯郸新华广播电台为全国人民带来了最新资讯。后建国前夕，邯郸新华广播电台经过搬迁、合并，成立为北平新华广播电台，后改名为中央人民广播电台。

近代的邯郸，为新中国的成立立下过汗马功劳，可邯郸城从不邀功，也不炫耀，就这样默默地关注着、参与着中国的变化与发展，并竭尽全力地奉献自己所有的力量。

1949年10月1日，中华人民共和国成立。当毛主席站在天安门城楼上宣告这一重要历史的时刻，远在400多千米外的邯郸人民激情欢呼，眼里饱含热泪。只有真正经历了那个时代的人们，才知道自由的来之不易。

新中国成立后，邯郸古城换新颜，勤劳的邯郸人民干劲十足，生产、生活得到有序恢复。国家领导人殷切关心着邯郸人民，毛泽东、周恩来、刘少奇等多位领导人多次来到邯郸视察。1959年9月24日，毛主席在视察邯郸时说：“邯郸是赵国的都城，是五大古都之一。那时有邯郸、洛阳、淄博……那时候没有上海、天津等大城市。邯郸是要复兴的……”

是的，邯郸是要复兴的……

致谢

“艺术源于生活”，灵感亦不例外。我撰写此书的初心，实应感恩于生活的馈赠。2019年，生活将我引领至古城邯郸。这座城市不仅接纳了我们，更可贵的是相识众多人生好友。他们助力我了解、认知并熟稔这座城，最终让我欣然接纳并深深钟情于此。

犹记初次来邯考察，文大哥于夕阳下引领我们游览广府古城时的热忱；难以忘怀蔡大哥一家诚邀我们游历磁县、大名县、成安县、涉县等名胜古迹的美好时光；历历在目高大哥和嫂子邀我们至家中过年，煮茶共论邯郸城市规划与文化历史的温馨场景；记忆犹新海平大哥为我们生动介绍武安商帮的传奇故事；曲周县治山大哥带我们参观其私人博物馆，无私赠予相关书籍，并邀我们共享家宴的真诚令人感动；临漳牛姐姐帮我们领略这座古老的城邑，见证了古邺城从三国到南北朝的历史兴衰，感叹其文化犹如璀璨星河，熠熠生辉；苑老师、杜老师携我们在邯郸爬山、攀岩时的惊险刺激依旧难忘……诸多的人和事，构筑起我对生活的挚爱，对邯郸古城的深情。你们带我涉足的地方，向我讲述的故事，提及的历史人物……皆激发了我深入探究和学习的兴趣。是你们让我萌生出更深入、更系统地了解邯郸的念头。或许，此乃我的初心所在。

此后，我阅览了众多有关邯郸的书籍，有数据翔实的市志、县志，有装帧精美的系列丛书，有主题鲜明的历史故事，还有数量惊人的邯郸成语……虽每一本皆令我受益良多，然皆非我心之所向，我渴望读到一本依循时间脉络，富具故事性、系统性且饱含温度地讲述邯郸历史的典籍，却遍寻不得。

恰时，我听闻樊登读书中讲述叶兆言老师的大作《南京传》，顿觉这不正是我渴求的城市传记？况且，邯郸作为成语之都，历史故事更为丰富。缘何未有一本《邯郸传》呢？于是，我决意着手著书。无知者无畏，我虽无叶兆言老师的斐然文采，却满怀对生活的热爱及一往无前的勇气。就这般，我边学习边创作，终成此《邯郸传》。我以三年的青春岁月，记述了邯郸三千载的历史，仅凭这一腔热忱，诚望能获读者宽宏谅解！

行文至此还要感恩摄影宋现彬老师，其无私地为本书奉献了自己的摄影佳作。宋老师与我一样，皆为生活在邯郸的异乡人，同样热爱着邯郸的历史文化。他亦不计回报地拍摄邯郸的山川美景、风土人情。再长的致谢亦难书尽我对朋友们的感恩之意。或许，我们在邯郸的相逢，便是我们对生活、对彼此最美好的致谢！

参考文献

[1] 邯郸市地方志编纂委员会. 邯郸市志 [M]. 北京：新华出版社，1992.

[2] 邯郸市建设志编纂委员会. 邯郸市建设志 [M]. 北京：中国建筑工业出版社，1995.

[3] 陈邢魁. 邯郸国宝档案 [M]. 北京：中国文史出版社，2020.

[4] 陈邢魁. 邯郸城市简史 [M]. 北京：中国文史出版社，2020.

[5] 王兴编. 邯郸成语故事 [M]. 北京：中国文史出版社，2020.

[6] 欧大年，范丽珠. 邯郸地区民俗辑录 [M]. 天津：天津古籍出版社，2006.

[7] 郝在朝. 邯郸成语典故集 [M]. 北京：中华工商联合出版社，1997.

[8] 宋继革，韩燕红. 邯郸成语概说与集萃 [M]. 北京：光明日报出版社，2018.

[9] 马东峰，张景忠. 用年表读懂中国史 [M]. 北京：北京理工大

学出版社，2017.

［10］李学军. 峰高凝瑞气：紫山［M］. 北京：光明日报出版社，2019.

［11］李学军. 亭榭聚风云：武灵丛台［M］. 北京：光明日报出版社，2019.

［12］李学军. 安枕卧青山：战国赵王陵［M］. 北京：光明日报出版社，2019.

［13］李学军. 往事据沧桑：串城街［M］. 北京：光明日报出版社，2019.

［14］李学军. 梦醒方悟道：黄粱梦吕仙祠［M］. 北京：光明日报出版社，2019.

［15］冯洪波. 邯郸历史文化纵览［M］. 石家庄：河北教育出版社，2015.

［16］申有顺，周泓蕙. 始皇生于斯：秦始皇邯郸身世考［M］. 北京：中国文史出版社，2020.

［17］中共邯郸市党委史研究室. 中共邯郸市党史专题资料选编［M］. 石家庄. 河北人民出版社，1991.